AF619017

Bildrechte in der kunsthistorischen Praxis

Ein Leitfaden von Veronika Fischer und Grischka Petri, herausgegeben vom Deutschen Verband für Kunstgeschichte e. V.

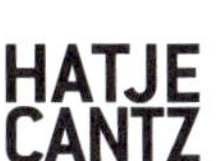

deutscher
verband
für KUNST
GESCHICHTE

Inhalt

Geleitwort

Der Arbeitsalltag von fest angestellten und freiberuflichen Kunsthistorikern* – in Museen und in der Denkmalpflege, an Hochschulen und Forschungsinstituten, in Kunsthandel, Kunstvermittlung, Verlagswesen und Journalismus sowie in weiteren Tätigkeitsfeldern – ist ohne die Nutzung von Abbildungen kaum denkbar.

* Aus Gründen der besseren Lesbarkeit und unter Berücksichtigung des herkömmlichen Sprachgebrauchs in Rechtsvorschriften wird in dieser Publikation das generische Maskulinum verallgemeinernd verwendet. Die Bezeichnungen gelten im Sinne der Gleichbehandlung für alle Geschlechter.

Reproduktionen von Kunstwerken, Bildern und anderen Objekten ermöglichen es uns erst, unsere Forschung voranzutreiben, bisher übersehene Zusammenhänge aufzudecken und neue Deutungsansätze zu untermauern. Sie sind zudem unabdingbar, wenn die Ergebnisse dieser Forschungen für die Fachwissenschaft und die Öffentlichkeit zugänglich gemacht werden sollen.

Jüngere Forschungen, etwa zum illustrierten Kunstbuch, zur Diadoppelprojektion oder zu modernen Datenbanken, haben darauf aufmerksam gemacht, wie vielfältig der Bildgebrauch von Kunsthistorikern ist. Und es ist deutlich geworden, dass dem Umgang mit Reproduktionen und ihrem Arrangement eine eigene Erkenntnisträchtigkeit inhärent ist. Nicht selten werden starke kunsthistorische Argumente vorrangig mithilfe bildlicher Mittel vorgebracht. Das Fach muss daher ein genuines Interesse daran haben, die Arbeit mit Abbildungen nicht durch ungünstige externe Rahmenbedingungen zu erschweren.

Der Deutsche Verband für Kunstgeschichte e. V. (vormals Verband Deutscher Kunsthistoriker) nimmt sich seit einiger Zeit verstärkt der Schwierigkeiten und Unsicherheiten an, die sich mit bildrechtlichen Fragen verbinden. Er verfolgt dabei eine zweifache Strategie: Zum einen bemüht sich der Verband darum, Anregungen für die Weiterentwicklung der urheberrechtlichen Rahmenbedingungen in die Diskussion zu bringen. Dieses Ziel verfolgen wir vor allem mit Stellungnahmen, mit denen sich der Verband in Konsultationsprozesse einbringt.[1] Zum anderen gilt es, über die geltenden rechtlichen Voraussetzungen so zu informieren, dass Kunsthistoriker bei ihrer wissenschaftlichen Arbeit die gesetzlich eingeräumten Spielräume auch tatsächlich nutzen. Diesem Anliegen, der umfassenden Information über den Status quo, dienen bislang vor allem die Workshops „Bildrechte im Griff", die der Verband regelmäßig anbietet.

Um auch über die Workshops hinaus über rechtliche Grundlage des kunsthistorischen Arbeitens mit Bildern zu informieren, hatte der Verband einen von Prof. Dr. Johannes Grave geleiteten Ausschuss eingesetzt, in dem die Idee zum vorliegenden Leitfaden erarbeitet wurde. Auf der Grundlage einer dort entwickelten Konzeption konnten Dr. Veronika Fischer und PD Dr. Dr. Grischka Petri für die konkrete Ausarbeitung der Handreichung gewonnen und beauftragt werden. Frau Fischer verdankt sich der ausführliche Textteil des vorliegenden Leitfadens, während Herr Petri die Flowcharts und deren Erläuterungen beigetragen hat. Den weiteren Mitgliedern des Arbeitskreises, Prof. Dr. Thomas Dreier, Dr. Marcello Gaeta, Roland Nachtigäller, sowie insbesondere Frau Fischer und Herrn Petri sei für ihr vielfältiges und anhaltendes Engagement herzlich gedankt.

Ziel der nun vorliegenden Handreichung soll es sein, Grundzüge und wesentliche Begriffe der relevanten Teile des Urheberrechts zu vermitteln. Vor allem aber soll der Leitfaden dabei helfen, bei konkreten Fragen rasch die entscheidenden Informationen zu finden, um zu einer verlässlichen Lösung zu gelangen.

Wir freuen uns, vergleichsweise rasch nach der im Juni 2021 in Kraft getretenen Urheberrechtsreform[2] eine aktualisierte und überarbeitete Fassung unseres

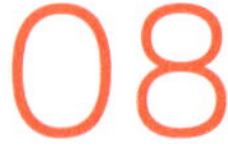

Leitfadens vorlegen zu können. Zahlreiche positive Reaktionen auf die erste digitale Auflage haben unseren Eindruck bestärkt, dass es im Fach Kunstgeschichte einen großen Bedarf an soliden Informationen zu Bildrechtsfragen gibt. Dass wir den Leitfaden nun in einer Version vorlegen können, die auch die jüngsten gesetzlichen Veränderungen berücksichtigt, verdankt sich vor allem PD Dr. Dr. Grischka Petri, in dessen Händen die konkrete Durchführung der Bearbeitung lag.

Bonn, im November 2022
für den Deutschen Verband für Kunstgeschichte e.V.

Prof. Dr. Johannes Grave
(ehem. Repräsentant der Berufsgruppe Hochschulen und Forschungsinstitute, März 2017–März 2022)

Prof. Dr. Kilian Heck
(ehem. Erster Vorsitzender, März 2013–März 2022)

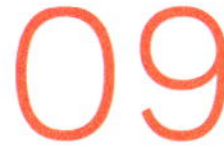

Vorwort

Ganz gleich, ob Sie eine Publikation planen, einen Vortrag für eine wissenschaftliche Fachkonferenz, eine Vorlesung oder anderes vorbereiten: Fotografien oder digitale Bildreproduktionen sind in zahllosen Situationen unentbehrlich.

Vorwort

Auf dem Weg zur Beschaffung einer Reproduktionsvorlage und zum Erwerb von Lizenzen zur Bildnutzung gibt es viele Fallstricke, die leicht vermieden werden können. Um Ihre praktische Arbeit im Umgang mit Bildrechten zu erleichtern, wurde dieser Leitfaden entwickelt. Er beinhaltet verschiedene Ansätze, um sich entweder einen ersten Überblick zu verschaffen, Einzelfragen zu beantworten oder je nach Stand des Vorwissens seine Kenntnisse weiter zu vertiefen. Gleichzeitig möchte der Leitfaden praktische Tipps für den Umgang mit Bildrechten liefern.

Zunächst werden die Grundzüge des Urheberrechts dargestellt. Die anschließenden Abschnitte sprechen bestimmte Situationen an, bei denen sich typische Rechtsfragen im Umgang mit Bildrechten stellen: Publikationen, Social Media, Museum & Fotografieren, Fachtagungen & Vorträge. Ein Ablaufschema führt Sie durch die einzelnen Schritte von der Beschaffung einer Reproduktionsvorlage bis zum Erwerb der benötigten Lizenz. Anhand einer Checkliste können Sie überprüfen, ob alle Schritte eingehalten wurden. Im Glossar können die Rechtsbegriffe nachgeschlagen werden.

Der Leitfaden will zum einen eine Hilfestellung bieten, wann eine Lizenz überhaupt erforderlich ist, wie sie erworben werden kann und wer die richtigen Ansprechpartner sind. Zum anderen sollen Unsicherheiten ausgeräumt werden, die Anwender vom Gebrauch einer Fotografie abhalten könnten.

Die Hinweise für den Umgang mit Bildrechten gelten in erster Linie für alle Bildnutzungen innerhalb Deutschlands. Für Bildnutzungen außerhalb

Deutschlands ist das Recht dieser Länder maßgeblich. Das gilt speziell für Internetnutzungen, wenn sich die betreffende Website an Nutzer außerhalb Deutschlands richtet.

Es können immer wieder Situationen entstehen, bei denen Unsicherheiten über die Auslegung und Anwendung des Rechts bestehen oder die in diesem Leitfaden nicht abgebildet werden. Die rechtlichen Rahmenbedingungen sind nicht statisch, sondern entwickeln sich weiter. Zuletzt wurde im Sommer 2021 die EU-Richtlinie 2019/790/EU („Digital-Single-Market-Richtlinie") in deutsches Recht umgesetzt. Zahlreiche Änderungen im Urheberrechtsgesetz und Verwertungsgesellschaftsgesetz sowie die Einführung des Urheberrechts-Diensteanbietergesetzes waren die Folge. Zudem werden durch die Entwicklung neuer Technologien oder Verwertungsmöglichkeiten immer wieder Rechtsfragen aufgeworfen. Eine fachkundige Beratung kann der Leitfaden trotz sorgfältiger Konzeption nicht ersetzen.

Grundlagen

Für die Nutzung von urheberrechtlich geschützten Fotografien muss in der Regel eine Erlaubnis eingeholt oder eine Lizenz erworben werden.

Wenn auf dem Bild ein geschütztes Werk abgebildet ist, muss auch für den Gegenstand der Abbildung eine Erlaubnis eingeholt oder eine Lizenz erworben werden.

Sind auf dem Bild Personen abgebildet, müssen sie ebenfalls zustimmen.

Schließlich kann auch das Hausrecht Bedingungen für die Fotografie vor Ort setzen.

Grundlagen

Fotografie

1. Schutzgegenstände

Wann ist eine Fotografie geschützt?

Eine Fotografie ist nach dem Urheberrechtsgesetz (UrhG) geschützt, wenn es sich um eine persönlich-geistige Schöpfung mit individuellem Ausdruck handelt. Urheberrechtlicher Schutz kommt etwa bei der Reproduktion von dreidimensionalen Werken in Betracht. Unterhalb dieser Grenze sind Fotografien durch den Lichtbildschutz geschützt. Er erfasst die rein handwerkliche Tätigkeit, bei der die originalgetreue Abbildung und nicht der individuelle Ausdruck im Vordergrund steht (z. B. Fotografien von Gemälden). Rein mechanische Reproduktionsvorgänge wie der Massenscan, die Fotokopie einer Buchseite oder der Abzug eines Negativs begründen von vornherein keinen urheberrechtlichen Schutz.

→ S. 79, *Persönlich-geistige Schöpfung* → S. 34, *Schutzfrist für Fotografien*

Lichtbilder

Urheberrecht bei Lichtbildern[3]

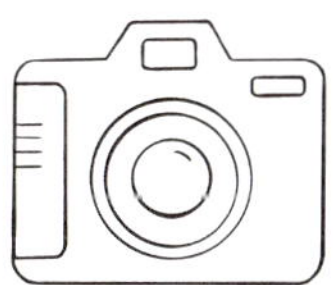

Lichtbildwerk

Kontextualisierender, gestalterischer Intellekt

- Werkqualität
- persönlich-geistige Schöpfung
- Lichtbildwerkschutz gem. § 2 Abs. 2 UrhG
- Urheberrecht erlischt 70 Jahre p. m. a.

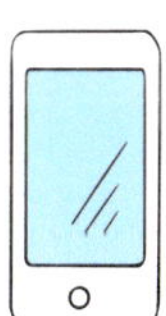

Lichtbild

Reproduzierender Intellekt

- keine schöpferische, aber persönlich-geistige Leistung
- Lichtbildschutz gem. § 72 UrhG
- Urheberrecht erlischt 50 Jahre nach Herstellung oder Erstveröffentlichung.

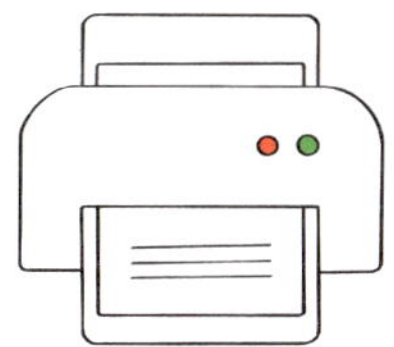

Technisches Bild

Kein Intellekt, keine Werkqualität, rein technische Leistung

- keine persönlich-geistige Leistung
- Durch die technische Reproduktion ensteht kein Urheberrechsschutz.

Update:

Die Urheberrechtsnovelle 2021 hat den § 68 UrhG eingeführt. Die Vorschrift stellt einfache Lichtbilder von gemeinfreien Kunstwerken rechtefrei. Das gilt in jedem Fall für „Flachware" wie Zeichnungen, Grafik und Gemälde. Da Abbildungen von Skulpturen und Bauwerken in der Regel bereits als Lichtbildwerke einzuordnen sind, gilt § 68 UrhG für diese Abbildungen nicht. Einzelheiten werden noch zu klären sein.

↦ *§ 68 UrhG – Vervielfältigungen gemeinfreier visueller Werke* *

*Für die mit dem Symbol ↦ gekennzeichneten Verweise siehe S. 108, Internetquellen.

Abbildungsgegenstand

Wie verhält es sich mit dem auf einem Bild abgebildeten Gegenstand?

Die Fotografie als solche, aber auch der auf der Fotografie abgebildete Gegenstand kann urheberrechtlich geschützt sein. In diesem Fall müssen Rechte für die Nutzung der Fotografie sowie auch des abgebildeten Gegenstands erworben werden. Welche Gegenstände nach dem Urheberrecht geschützt sind, ist im Glossar im Einzelnen beschrieben.

→ *S. 88, Werkarten* → *S. 70, Leistungsschutzrechte*

Recht am eigenen Bild

Dürfen Personen fotografiert werden?

Wenn einzelne Personen auf der Fotografie erkennbar sind, gilt der Grundsatz: Jeder hat das Recht an seinem eigenen Bild. Seitdem die Fotografie ein digitales Medium ist, sind Fotografien von Personen ein Fall der Datenverarbeitung. Sofern auf einer Fotografie Personen erkennbar sind, handelt es sich auch um personenbezogene Daten. Maßstab ist die Erkennbarkeit der Person für diejenigen, welche die Person kennen. Diese Erkennbarkeit ist in vielen Fällen mit dem Gesicht der abgebildeten Person gegeben, kann aber auch durch ein anderes besonderes Merkmal bewirkt werden.

Personenfotografie nach DSGVO

Die Datenschutz-Grundverordnung (DSGVO) erlaubt Verarbeitung von Personendaten nur unter bestimmten Bedingungen (Art. 6 DSGVO).

Einwilligung

Am sichersten ist das Einholen einer Einwilligung der fotografierten Person. Diese braucht man bereits für die Anfertigung der Fotografie. Dabei sollte genau festgelegt sein, wofür die Fotografie genutzt werden soll (z. B. auf einer Website, in Datenbanken, für Pressezwecke, Ausstellungskataloge, auf einem Social-Media-Kanal etc.). Ein Risiko besteht bei der Einwilligung: Sie kann später zurückgenommen werden. Deshalb muss schon von Anfang an eine Ansprechperson mitgeteilt werden, bei der man die Einwilligung später zurücknehmen kann. Ein online gestelltes Foto muss dann gelöscht werden.

Praxistipp:
Beim digitalen Eventmanagement, wie es während der Corona-Pandemie verbreitet genutzt wurde, kann bereits mit den Einladungen die Einwilligung für Personenfotos direkt abgefragt werden. Die DSGVO verlangt die vorherige Aufklärung über die Datenerhebung, die Nennung einer Ansprechperson und die Mitteilung über das Widerrufsrecht für die Einwilligung. Die Einwilligung ist zu dokumentieren. Achtung: Bei Kindern müssen beide Eltern für das Kind einwilligen.

Berechtigte Interessen

Kulturinstitutionen können sich für die fotografische Dokumentation ihrer Aktivitäten (z. B. einer Ausstellungseröffnung) auf berechtigte Interessen berufen. Diese gelten aber nicht unbeschränkt. Es muss immer eine Abwägung zwischen der Veröffentlichung und Nutzung der Abbildung einerseits und den berechtigten Interessen des Abgebildeten andererseits erfolgen. Ob die Nutzung einer Personenfotografie zulässig ist, kann daher immer nur im konkreten Einzelfall beurteilt werden. In diese Abwägung fließen die Grundsätze des Kunsturhebergesetzes (KUG) ein, das seit 1907 das Recht am eigenen Bild regelt. Seine Normen gelten nur für die Verbreitung und nicht bereits für die Anfertigung von Personenbildnissen, setzen also später an als die seit 2018 geltende DSGVO, doch fließen seine Wertungen in die Abwägung nach der DSGVO ein.

Personenfotografie nach KUG

Auch das KUG geht – für die Verbreitung von Personenbildnissen, nicht bereits für deren Anfertigung – von der Notwendigkeit einer Einwilligung aus. Es erlaubt aber verschiedene Ausnahmen, für die typischerweise davon ausgegangen werden kann, dass das berechtigte Interesse an der Nutzung des Personenbildnisses überwiegt:

- Bildnisse der Zeitgeschichte: Bei zeitgeschichtlichen Ereignissen kann das Informationsinteresse der Allgemeinheit schwerer wiegen als das Persönlichkeitsrecht des Abgebildeten. Die Privat- und Intimsphäre des Abgebildeten ist aber zu achten.
- Beiwerk: Bei Landschafts- und Stadtansichten lässt es sich kaum vermeiden, dass einzelne oder mehrere Personen auf dem Bild auftauchen. Liegt der Fokus erkennbar auf einem Objekt, so kann das Einwilligungserfordernis entfallen, wenn die Passanten nur zufällig zu sehen sind und sie die Bildkomposition nicht beeinflussen. Umgekehrt ist eine Einwilligung erforderlich, wenn Personen in den Mittelpunkt eines Bilds rücken.

- Veranstaltungsfotografien: Wer an einer öffentlichen Veranstaltung, zum Beispiel einer Ausstellungseröffnung, teilnimmt, kann damit rechnen, fotografiert zu werden. Gestattet ist aber nur die Anfertigung von Überblicksaufnahmen. Rücken einzelne oder mehrere Personen in den Mittelpunkt des Bilds, darf es ohne Einwilligung nur veröffentlicht werden, wenn man sich auf eine andere Erlaubnisnorm stützen kann.
- Höheres Interesse der Kunst: Künstler, die Personen fotografieren, z. B. im Rahmen der Straßenfotografie, werden durch die Kunstfreiheit geschützt. Solche Fotografien dürfen aber, wenn sie persönlichkeitsrechtlich sensibel sind, nur im Kunstkontext gezeigt und nicht z. B. als Werbematerial verwendet werden.

§ 23 KunstUrhG

Künstlergespräche, Performances

Dürfen Künstlergespräche, Künstlerführungen und Performances aufgezeichnet werden (in Bild und Ton)?
Bei Interviews, Vorträgen oder Performances kann es sich um urheberrechtlich geschützte Werke handeln. In diesem Fall ist nicht nur die Aufzeichnung selbst genehmigungspflichtig, sondern auch jede weitere Verwendung (z. B. auf einer Website, die Herausgabe als CD oder DVD). Es gilt hier ebenfalls das Recht am eigenen Bild.

2. Welche Rechte hat der Urheber?

Werknutzung, Persönlichkeitsrechte

Der Urheber hat das Recht, über jede Nutzung seines Werks zu bestimmen und sie von der Zahlung eines Entgelts abhängig zu machen. Der Urheber entscheidet darüber, ob er ein Werk veröffentlichen möchte. Er darf sich vorbehalten, als Urheber genannt oder nicht genannt zu werden, und kann Änderungen an seinen Werken untersagen.

Wer beispielsweise eine Fotografie kauft, darf sie aufhängen und/oder ausstellen. Er darf aber keine Abzüge erstellen, die Fotografie nicht in einer Publikation abdrucken oder auf einer Website zeigen. Jede Nutzung außer der reinen Rezeption bedarf einer gesonderten Rechtseinräumung. Dem Urheber kommt damit eine umfassende Kontrollmöglichkeit zu. Der Schutz ist allerdings nicht grenzenlos, sondern mit Rücksicht auf die Allgemeininteressen (z.B. in der freien Berichterstattung, der freien geistigen Auseinandersetzung im Rahmen des Zitats etc.) durch gesetzliche Erlaubnisnormen (sogenannte

Schranken

Schrankenbestimmungen) beschränkt. Die Schranken können eine bestimmte Nutzung erlaubnis- und vergütungsfrei stellen oder aber die Erlaubnispflicht beseitigen und den Rechteinhabern einen Vergütungsanspruch belassen.

3. Schutzdauer

Schutzfristen

Wie lange besteht der Urheberrechtsschutz?

Das Urheberrecht gilt nur für eine begrenzte Dauer. Urheberrechtsschutz besteht bis zum Tod des Urhebers und 70 Jahre darüber hinaus. Bei Werken, die von mehreren Urhebern gemeinsam geschaffen wurden, berechnet sich die Schutzdauer nach der Lebenszeit des letztversterbenden Urhebers. Innerhalb dieser 70-Jahres-Frist wird das Urheberrecht von den Erben oder sonstigen Rechtsnachfolgern (z.B. Stiftungen) wahrgenommen. Nach Ablauf der Schutzfrist werden die geschützten Werke gemeinfrei und dürfen lizenzfrei genutzt werden. Bei den sogenannten verwandten Schutzrechten (z. B. dem Lichtbildschutz) ist die Schutzdauer in der Regel kürzer und beträgt 50 Jahre ab dem Erscheinen bzw. – bei Nichterscheinen – ab der Herstellung.

4. Geltungsbereich

Reichweite

Wo gilt das deutsche Urheberrecht?

Das Urheberrechtsgesetz gilt zwar nur innerhalb Deutschlands, es schützt aber in- und ausländische Urheber gleichermaßen. Gelangt ein Werk in einen anderen Staat, so ist nicht das deutsche Urheberrecht, sondern das Recht dieses Staats maßgeblich. Auch innerhalb der EU existiert eine Vielzahl von nationalen Urheberrechtsgesetzen, die aber zugunsten eines gemeinsamen Markts in wesentlichen Teilen durch EU-Richtlinien harmonisiert, das heißt an einen einheitlichen europäischen Standard angeglichen sind.

5. Ansprechpartner

Urheber, Rechteinhaber

Wen muss man bei der Verwendung urheberrechtlich geschützter Werke kontaktieren?

Der Urheber muss kontaktiert werden. Bei Fotografien ist zu beachten, dass neben dem Fotografen auch der Urheber des abgebildeten Werks kontaktiert werden muss. Sind die Urheberrechte mit dem Tod des Urhebers schon auf die Erben bzw. Rechtsnachfolger übergegangen, müssen diese kontaktiert werden. Es können aber Nutzungsrechte eingeräumt oder übertragen werden, zum Beispiel an Verwertungsgesellschaften, Bildagenturen oder Verlage.

Rechte-
wahrnehmung

An welche Verwertungsgesellschaft muss man sich wenden?

Ist der Urheber Mitglied einer Verwertungsgesellschaft, ist die Verwertungsgesellschaft der richtige Ansprechpartner für die Vergabe von Lizenzen. Geht es um die Reproduktion von Fotografien und / oder Werken der bildenden Kunst, ist die in Deutschland zuständige Verwertungsgesellschaft die VG Bild-Kunst. Sie kann auch die Reproduktionsrechte ausländischer Künstler und Fotografen vermitteln, sodass das relevante Repertoire aus einer Hand erworben werden kann. Welche Künstler und Fotografen die VG Bild-Kunst vertritt, lässt sich über die Künstlersuche auf der Webseite ermitteln.

Künstlersuche der VG Bild-Kunst

→ S. 66, *Kollektive Wahrnehmung durch Verwertungsgesellschaften*

6. Lizenzierung

Erlaubnispflichtige Nutzungen

Wann benötigt man eine Erlaubnis?

Grundsätzlich ist jede urheberrechtliche Nutzung erlaubnispflichtig. Urheberrechtliche Nutzungen sind zum Beispiel die Digitalisierung von Werken einer Sammlung, die Verwendung von Fotografien in Vorträgen oder Publikationen und die Dokumentation von Ausstellungen und / oder Veranstaltungen bzw. die Werbung für sie. Allerdings gibt es Ausnahmen von der Erlaubnis- und Vergütungspflicht (sogenannte Schranken). Auch nach Ablauf der Schutzfrist hat der Urheber keinen Anspruch mehr auf Vergütung.

Vertragspartner

Von wem erhalte ich die erforderliche Erlaubnis?

Die Erlaubnis erteilt der Urheber. Hat der Urheber seine Rechte einem anderen eingeräumt, so ist dieser zur Erteilung der Erlaubnis der richtige Ansprechpartner. Das können die Erben, ein Museum, ein Verlag, eine Stiftung oder die Verwertungsgesellschaft VG Bild-Kunst sein. Lassen sich Name oder Wohnort des Urhebers oder des Rechteinhabers nicht in Erfahrung bringen, können öffentlich zugängliche Bibliotheken, Bildungseinrichtungen, Museen, Archive, im Bereich des Film- oder Tonerbes tätige Einrichtungen und öffentlich-rechtliche Rundfunkanstalten Fotografien unter bestimmten Umständen auch ohne Vorliegen einer Einwilligung nutzen (sogenannte verwaiste Werke, siehe auch nicht verfügbare Werke).

→ S. 66, *Kollektive Wahrnehmung durch Verwertungsgesellschaften*

→ S. 86, *Verwaiste Werke* siehe auch → S. 76, *Nicht verfügbare Werke*

Vergütung

Wie viel muss man bezahlen?

Ob eine Vergütung zu entrichten ist und in welcher Höhe, muss mit dem Urheber verhandelt werden. Wird der Urheber von einer Verwertungsgesellschaft vertreten, sind deren Tarife maßgeblich, die online eingesehen werden können. Eine Orientierung bieten auch die Tarife der Mittelstandsgemeinschaft Foto-Marketing. Dabei handelt es sich um einen Arbeitskreis professioneller Bildanbieter, der jährlich eine Broschüre über die aktuellen Honorare für Fotonutzungen in Deutschland herausgibt.

Bestellbar unter: → *bvpa.org*

Quellenangaben

Was muss man bei der Bildunterschrift beachten?

In der Bildunterschrift ist der Name des Fotografen sowie der des Urhebers des abgebildeten Werks, Titel und Erscheinungsjahr anzugeben. Erteilt eine Galerie oder Verwertungsgesellschaft die Reproduktionsgenehmigung, ist auch auf sie hinzuweisen (sog. „Credit line“).

Belegexemplare

Wie viele Belegexemplare muss man zur Verfügung stellen?

Wird eine Reproduktionsgenehmigung für ein Werk der bildenden Kunst erteilt, ist dies oft an die Bedingung geknüpft, dass der Künstler bzw. die Galerie und/oder die zuständige Verwertungsgesellschaft Belegexemplare erhalten. Die Anzahl der Belegexemplare ist Verhandlungssache.

Gemeinfreie Werke

Sind Reproduktionsfotografien von gemeinfreien Werken kostenpflichtig?

Ist die Schutzfrist abgelaufen, kann aufgrund des Urheberrechts ein Fotografierverbot nicht ausgesprochen werden. Hat man Zugang zu dem Werk, könnte man die Reproduktionsfotografie daher selbst anfertigen. Das Fotografieren kann aber aufgrund des Hausrechts eingeschränkt (z.B. ohne Blitz und Stativ) oder untersagt sein. Besitzt man keinen Zugang zu dem Werk, muss man damit rechnen, dass im Zuge der Überlassung der Datei der Digitalisierungsaufwand berechnet wird.

7. Freie Lizenzen (z.B. Creative Commons)

Was muss man beachten, wenn eine Fotografie unter einer sogenannten freien Lizenz steht?

Steht eine Fotografie unter einer sogenannten freien Lizenz, ist die Nutzung unter bestimmten Bedingungen vergütungsfrei. Je nach Werkkategorie gibt es unterschiedliche Lizenzfamilien.

CC-Lizenzen

Für Fotografien werden häufig Creative-Commons-Lizenzen (CC-Lizenzen) benutzt. Sie funktionieren wie ein Baukastensystem, das sich aus verschiedenen Bedingungen zusammensetzt, die flexibel miteinander kombiniert werden können. Werden die Bedingungen nicht eingehalten, entfällt die Erlaubnis durch die freie Lizenz. Sie erstreckt sich auch nicht auf abgebildete Werke oder Personen. Ist eine abgebildete Person mit der Aufnahme nicht einverstanden, kann sie sich auf das Recht am eigenen Bild berufen und die Nutzung untersagen.

Creative Commons → *S. 62, Freie Lizenzen*

8. Urheberrechtsverletzungen und ihre Folgen

Verstöße

Mit welchen Konsequenzen muss man rechnen, wenn man keine Erlaubnis eingeholt oder keine Lizenz erworben hat?

Wer in seinen Rechten nach dem Urheberrechtsgesetz verletzt wird, kann verlangen, dass die Verletzung beseitigt wird. Wurde zum Beispiel ein Foto auf einer Website hochgeladen, muss es gelöscht werden. Außerdem kann der Fotograf verlangen, dass die Rechtsverletzung künftig unterlassen wird und Schadensersatz wegen der unberechtigten Nutzung geltend machen. Urheberrechtsverletzungen sind gegebenenfalls sogar strafbar.

Abmahnung

Im Urheberrecht geht einer gerichtlichen Auseinandersetzung in der Regel eine Abmahnung voraus. Wird eine (drohende) oder bereits andauernde Urheberrechtsverletzung entdeckt, soll mit dem Abmahnschreiben die Möglichkeit gegeben werden, ein

Gerichtsverfahren zu vermeiden, indem man sich verpflichtet, eine Verletzung zu unterlassen bzw. diese zu beseitigen (sogenannte Unterlassungs- und Verpflichtungserklärung). Durch die Abmahnung entstehen Kosten in Form von Rechtsanwaltsgebühren.

Ansprüche

Beseitigungs- und Unterlassungsansprüche entstehen unabhängig davon, ob man wusste oder wissen konnte, dass die Nutzung unberechtigt erfolgte. Schadensersatzansprüche sind verschuldensabhängig, sodass man zur Zahlung von Schadensersatz nur verpflichtet ist, wenn man zumindest fahrlässig in Bezug auf die fremden Rechte gehandelt hat. Die Anforderungen an das Verschulden sind allerdings gering, da der Nutzer verpflichtet ist, sich über seine Berechtigung zur Nutzung sorgfältig zu informieren.

Reaktion

Was tun, wenn man eine Abmahnung erhalten hat?
Zunächst sollte man klären, ob der Vorwurf berechtigt ist, das heißt ob ein geschütztes Werk unberechtigterweise genutzt wurde und ob die Urheberrechte auch tatsächlich beim Absender der Abmahnung liegen. Als Nächstes sollte man sich informieren, welche Kosten angefallen wären, wenn rechtzeitig eine Lizenz erworben worden wäre. Selbst wenn es aussichtslos ist, sich gegen die Abmahnung zu wehren, weil der Vorwurf in der Sache berechtigt ist, kann es sich lohnen, über die Höhe der Kosten zu verhandeln. Einen Anhaltspunkt bieten die Tarife der Verwertungsgesellschaften oder der Mittelstandsgemeinschaft Foto-Marketing.

Unterlassungs-erklärung

Um die Abgabe der strafbewehrten Unterlassungserklärung wird man dagegen kaum herumkommen, wenn man vermeiden will, dass eine einstweilige Verfügung beantragt wird. Üblicherweise sind Unterlassungserklärungen vorformuliert. Ihr Inhalt geht aber häufig zu weit und kann modifiziert werden. Es lohnt sich daher, sie anwaltlich prüfen zu lassen, um sicherzugehen, dass nicht mehr zugesichert wird, als der Abmahnende verlangen kann. Verstößt man gegen die Verpflichtung in der Unterlassungserklärung, löst dies die vereinbarte Vertragsstrafe aus (deshalb „strafbewehrt“) und kann teuer werden.

Die in einer Abmahnung gesetzten Fristen sind häufig sehr kurz. Es ist aber empfehlenswert, innerhalb der Frist zu reagieren, da man ansonsten Gefahr läuft, dass der Abmahnende vor Gericht eine einstweilige Verfügung beantragt. Auch wer zu Unrecht eine Abmahnung erhalten hat, sollte darauf reagieren und dem Abmahnenden mitteilen, dass keine der vorgeworfenen Urheberrechtsverletzungen begangen wurde, um sich nicht dem Risiko auszusetzen, dass eine einstweilige Verfügung erwirkt wird.

9. Haftung für Persönlichkeitsrechtsverletzungen

Ansprüche

Verletzungen des Rechts am eigenen Bild lösen dieselben Ansprüche aus wie Urheberrechtsverletzungen: Beseitigung, Unterlassung, Schadensersatz.

→ *S. 25, Urheberrechtsverletzungen und ihre Folgen*

10. Künstlersozialabgabe

Abgabepflicht

Was ist die Künstlersozialabgabe und wer muss sie zahlen?

Die Künstlersozialabgabe dient der sozialen Absicherung von selbstständigen Künstlern und Publizisten in der Renten-, Kranken- und Pflegeversicherung. Sie wird in Höhe eines pauschalen Prozentsatzes (2022: 4,2 Prozent) erhoben. Bemessungsgrundlage sind alle in einem Kalenderjahr an selbstständige Künstler und Publizisten gezahlten Entgelte einschließlich Auslagen (z.B. Telefonkosten) und Nebenkosten (z.B. Materialkosten).

Die Künstlersozialabgabe wird auch für Personen erhoben, die nicht versicherungspflichtig sind. Deshalb müssen in der Bemessungsgrundlage auch Entgelte berücksichtigt werden, die an ausländische oder nebenberuflich tätige Künstler und Publizisten gezahlt wurden.

Wer ist abgabepflichtig?

Abgabepflichtig sind Unternehmen und Einrichtungen, die künstlerische und publizistische Leistungen verwerten. Dazu zählen typischerweise Museen, Galerien und Kunsthändler. Auch gemeinnützige Vereine sind abgabepflichtig.

Meldepflicht

Die abgabepflichtigen Unternehmen und Einrichtungen müssen die gezahlten Entgelte bis zum 31. März des Folgejahres der Künstlersozialkasse melden. Die Abgabe ist als monatliche Vorauszahlung auf Basis der im vergangenen Jahr gezahlten Entgelte zu leisten. Überzahlungen und Fehlbeträge werden nach der Abrechnung ausgeglichen.

Informationen zur Künstlersozialabgabe unter: → *kuenstlersozialkasse.de*

29

Publikationen

Ich möchte eine Monografie oder einen Aufsatz veröffentlichen. Darin werden verschiedene Werke besprochen. Es sind alte und moderne Werke dabei. Im Verlagsvertrag steht, dass ich für die Einhaltung der Urheberrechte selbst verantwortlich bin.

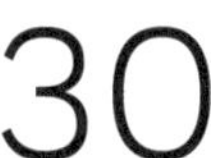

Publikationen Wenn in eine Publikation Abbildungen aufgenommen werden, erwarten Verlage oft von den Autoren, dass sie die Rechte an den Abbildungen selbst erwerben. Ist ein Autor nach dem Verlagsvertrag dazu verpflichtet, haftet er dem Verlag gegenüber unter Umständen auf Schadensersatz, wenn Abbildungen ohne Genehmigung abgedruckt werden. Nachfolgend ist beschrieben, worauf bei der Rechteklärung geachtet werden muss. Dabei ist zwischen den Rechten an dem besprochenen Werk und den Rechten an der Reproduktionsvorlage zu unterscheiden, sodass unter Umständen zwei separate Lizenzen von verschiedenen Ansprechpartnern erworben werden müssen.

→ S. 32, *Erwerb von Nutzungsrechten an dem besprochenen Werk*

→ S. 34, *Erwerb von Nutzungsrechten an der Fotografie*

1. Wie beschafft man eine Reproduktionsvorlage?

Anlaufstellen Für die Beschaffung einer Reproduktionsvorlage gibt es zahlreiche Anlaufstellen: vom Künstler selbst über das Museum oder die private Sammlung, in deren Bestand sich ein Werk befindet, bis hin zu Bildagenturen und/oder Bilddatenbanken. Nicht alle können zugleich die benötigten Rechte an der Fotografie und dem abgebildeten Werk vermitteln. Gegebenenfalls müssen daher zusätzlich noch die Rechte an dem Abbildungsgegenstand erworben werden.

→ S. 32, *Erwerb von Nutzungsrechten an dem besprochenen Werk*

Eigenproduktion Besteht die Möglichkeit, das Werk selbst zu fotografieren, müssen nur die Rechte an dem Abbildungsgegenstand erworben werden. Ob und unter welchen Bedingungen eine Fotografiererlaubnis erteilt wird, ist mit der Person bzw. der Institution abzuklären, in deren Besitz sich das Werk befindet.

→ S. 32, *Erwerb von Nutzungsrechten an dem besprochenen Werk*

Fotografenrechte

Wird eigens ein Fotograf mit der Herstellung der Reproduktionsvorlage beauftragt, ist darauf zu achten, dass er alle für die Veröffentlichung benötigten Nutzungsrechte überträgt.

Zum Nutzungsrechteerwerb bei angestellten Fotografen → S. 81, *Schöpferprinzip*

Reproduktion

Mit der Herstellung einer Reproduktionsvorlage nicht gleichzusetzen ist es, wenn diese aus einem Buch abgescannt oder über das Internet aufgefunden wird, da in diesem Fall lediglich eine fremde Vorlage vervielfältigt wird.

2. Erwerb von Nutzungsrechten an dem besprochenen Werk

Urheberrecht

Sind die besprochenen Werke urheberrechtlich geschützt?

Die Abbildung der besprochenen Werke ist erlaubnispflichtig, wenn diese (noch) urheberrechtlich geschützt sind. Wenn das besprochene Werk nicht oder nicht mehr geschützt ist, sind Abbildungen von „Flachware" (Gemälde, Zeichnungen, Druckgrafik) seit Sommer 2021 rechtefrei. Das gilt nicht nur für neue, sondern auch für schon existierende Abbildungen. Da Abbildungen von Skulptur und Architektur in der Regel als Lichtbildwerke einzustufen sind, müssen für sie noch die Rechte an den Fotografien erworben werden.

→ S. 88, *Werkarten* → S. 79, *Persönlich-geistige Schöpfung*
→ S. 34, *Erwerb von Nutzungsrechten an der Fotografie* → S. 16, *Update*

Was ist, wenn die Schutzfrist noch nicht abgelaufen ist?

Vor Ablauf der Schutzfrist muss für die beabsichtigte Veröffentlichung eine Lizenz erworben werden, wenn nicht einer der folgenden Fälle zutrifft: Die Werkabbildung ist durch eine Schranke erlaubt, wenn

Schranken

a) sie unter das Zitatrecht fällt: Die Abbildung wird benötigt, um die eigene Gedankenführung zu erläutern oder zu belegen;

→ S. 91, Zitatrecht

b) sie im Zusammenhang mit einer tagesaktuellen Berichterstattung (Presseprivileg) steht;

→ S. 59, Berichterstattung über Tagesereignisse

c) das besprochene Werk sich bleibend im öffentlichen Raum (an „öffentlichen Straßen, Wegen oder Plätzen") befindet und die Abbildung unter die sogenannte Panoramafreiheit fällt;

→ S. 78, Panoramafreiheit

d) ein Museum eine Ausstellung bewerben, eine ausstellungsbegleitende Broschüre herausgeben oder seine Bestände dokumentieren möchte.

→ S. 57, Ausstellungswerbung → S. 73, Museen, Archive, Bildungseinrichtungen

Nach Ablauf der Schutzfrist ist die Abbildung des besprochenen Werks frei. In der Regel muss aber eine Lizenz für die Verwendung der Reproduktionsvorlage erworben werden. Ausnahme: Im Falle des Zitatrechts müssen für die Reproduktionsvorlage keine Rechte mehr geklärt werden. Außerdem sind Abbildungen gemeinfreier Kunst rechtefrei, sofern es sich bei der Abbildung nicht um ein Lichtbildwerk handelt.

→ S. 34, Erwerb von Nutzungsrechten an der Fotografie → S. 16, Update
→ S. 91, Zitatrecht

3. Erwerb von Nutzungsrechten an der Fotografie

Fotografen-rechte

1) Die Abbildung einer Fotografie ist erlaubnispflichtig, wenn sie als urheberrechtliches Werk oder Lichtbild geschützt ist.

→ *S. 15, Schutzgegenstände*

Schutzfrist

2) Wie berechnet sich die Schutzfrist für Fotografien?
Die Schutzfristen für Fotografien beginnen und enden unabhängig vom Alter der abgebildeten Werke. Bei geistig-schöpferischen Fotografien beginnt die Frist mit dem Tod des Fotografen und läuft 70 Jahre. Bei Lichtbildern, die durch eine rein handwerkliche Tätigkeit entstanden sind, beginnt die Frist bereits mit dem Erscheinen bzw. der Herstellung, wenn das Lichtbild innerhalb dieser Frist nicht erschienen ist, und läuft 50 Jahre.

Die Fristen sind sogenannte Jahresfristen, das heißt, sie beginnen mit dem Ablauf des Kalenderjahres, in dem das maßgebliche Ereignis eingetreten ist. Die nach Jahren bemessenen Schutzfristen beginnen daher immer am 1. Januar des Folgejahres und enden am 31. Dezember.

Praxistipp:
Der Fristbeginn ist nicht zu verwechseln mit dem Beginn des urheberrechtlichen Schutzes. Dieser besteht bereits ab dem Zeitpunkt der Anfertigung der Fotografie.

Zitatrecht

3) Die Nutzung von Fotografien ist durch eine Schranke erlaubt, wenn
die Auseinandersetzung mit dem abgebildeten Werk unter das Zitatrecht fällt. Im Zuge des Urheberrechts-Wissensgesellschafts-Gesetzes (UrhWissG) wurde die

Zitierschranke auf die Abbildung des zitierten Werks erstreckt. Auf die gesetzliche Erlaubnis für Ausstellungsbroschuren und Bestandskataloge der Museen kann die Nutzung der Fotografie nicht gestützt werden, da sich diese nicht zugleich auf die Rechte der Reproduktionsfotografen erstreckt.

→ *S. 91, Zitatrecht*

4. Worauf muss man beim Rechteerwerb achten?

Art der Nutzung

Zunächst muss man sich darüber klar werden, welche Art der Nutzung (z.B. Print oder E-Book) geplant ist. Für die Bemessung der Lizenzgebühr kommt es darauf an, ob die Abbildung im Text oder auf dem Cover erfolgt. Weitere Parameter sind die Nutzungsdauer, Auflagenhöhe, Verkaufspreis der Publikation oder eine geplante Werbenutzung.

Zweck der Nutzung

Im Urheberrecht gilt der Grundsatz, dass Nutzungsrechte nur in dem Umfang erworben werden, wie es der Zweck des Vertrags erfordert. Daher empfiehlt es sich, die benötigten Nutzungsrechte im Vertrag einzeln zu bezeichnen. Formulierungen wie die Einräumung „sämtlicher Rechte“ umfassen gerade nicht alle Rechte, sondern nur diejenigen Nutzungsarten, die mit dem Vertrag erkennbar beabsichtigt waren. Soll ein Manuskript in gedruckter Form vertrieben werden, sind die Nutzungsrechte der Vervielfältigung und Verbreitung betroffen. Soll es daneben auch als E-Book vertrieben werden, wird zudem das (unkörperliche) Recht der öffentlichen Zugänglichmachung benötigt.

Außerdem muss festgelegt werden, in welchem zeitlichen und räumlichen Umfang die eingeräumten Rechte genutzt werden dürfen und ob einfache oder ausschließliche (exklusive bzw. nicht exklusive) Rechte eingeräumt werden.

→ S. 71, Lizenzvertrag → S. 77, Nutzungsrechte

Umfang

Mit Rücksicht auf das Urheberpersönlichkeitsrecht dürfen Fotografien bei der Reproduktion nicht bearbeitet werden. Die Verwendung von Bildausschnitten, Farbveränderungen etc. ist daher nur zulässig, wenn dies mit dem Urheber bzw. dem Fotografen abgestimmt ist. In Ausnahmefällen ist eine Änderung auch ohne gesonderte Vereinbarung zulässig, wenn sie durch die Art und den Zweck der beabsichtigten Nutzung geboten ist (z. B. die Übertragung eines Bilds in ein anderes Format oder eine andere Größe).

5. Publikationsformen

Ich möchte mein Manuskript über einen Verlag veröffentlichen.

Verlagsverträge sehen in der Regel vor, dass der Autor dem Verlag die ausschließlichen Rechte an dem Manuskript einräumt, sodass niemand außer dem Verlag das Manuskript drucken und vertreiben darf. Auch der Autor selbst benötigt dazu die Zustimmung des Verlags.

Rückrufsrecht

Ist das Buch vergriffen und legt der Verlag es nicht neu auf, kann der Autor das dem Verlag eingeräumte Nutzungsrecht zurückrufen. Um zu verhindern, dass die Nutzungsrechte zurückfallen, genügt es allerdings, wenn der Verlag das Buch als Print-on-Demand anbietet, sodass das sogenannte Rückrufsrecht wegen Nichtausübung an Bedeutung verloren hat.

§ 41 UrhG – Rückrufsrecht wegen Nichtausübung

Anderweitige Verwertung

Von größerer praktischer Bedeutung ist das Recht zur anderweitigen Verwertung nach zehn Jahren bei pauschaler Vergütung. Danach können ausschließliche Nutzungsrechte gegen eine pauschale Vergütung grundsätzlich nur noch befristet eingeräumt werden. Erst nach Ablauf von fünf Jahren kann die Ausschließlichkeit zeitlich unbeschränkt vereinbart werden. Kommt eine solche Vereinbarung nicht zustande, bleibt dem Lizenznehmer nach Ablauf von zehn Jahren nur ein einfaches Nutzungsrecht, das es ihm ermöglicht, die Bestände weiterhin zu vertreiben.

§ 40a UrhG – Recht zur anderweitigen Verwertung nach zehn Jahren bei pauschaler Vergütung

Praxistipp:
Das Recht zur anderweitigen Verwertung nach zehn Jahren bei pauschaler Vergütung gilt für Verträge, die ab dem 1. März 2017 geschlossen wurden. Nur derjenige kann sich darauf berufen, der ausschließliche Nutzungsrechte gegen ein Pauschalhonorar eingeräumt hat.

Zweitveröffentlichungsrecht

Ich möchte meine Publikation auf dem Server einer Universität veröffentlichen.

Unabhängig davon hat jeder Autor ein Zweitveröffentlichungsrecht, wenn sein Beitrag in einer periodisch erscheinenden Sammlung veröffentlicht wurde. Zweitveröffentlichungsrecht bedeutet, dass ein Beitrag nach einer Stillhaltefrist von zwölf Monaten erneut öffentlich zugänglich gemacht werden darf (Online-Veröffentlichung).

§ 38 UrhG – Zweitveröffentlichungsrecht

Beiträge zu Sammelbänden

Das Zweitveröffentlichungsrecht besteht nach § 38 Abs. 2 UrhG auch für Beiträge in Festschriften oder in anderen nicht periodisch erscheinenden Sammlungen, für die der Autor keine Vergütung erhalten hat. Beiträge zu Sammelbänden, für die keine Vergütung gezahlt wurde, dürfen daher nach Ablauf eines Jahres nach Erscheinen anderweitig veröffentlicht werden.

Zeitungen

Bei Zeitungsbeiträgen erwirbt der Verlag nach § 38 Abs. 3 UrhG von vornherein nur ein einfaches Nutzungsrecht, sodass der Autor den Beitrag sofort nach Erscheinen anderweitig verwerten darf.

Vertraglicher Ausschluss

Das Zweitveröffentlichungsrecht kann vertraglich ausgeschlossen werden. Wenn keine Vereinbarung über den Ausschluss des Zweitverwertungsrechts getroffen wurde, erwirbt der Verlag oder der Herausgeber einer periodisch erscheinenden Zeitschrift für die Dauer eines Jahres ein Exklusivrecht. Nach Ablauf dieses Jahres endet die Exklusivität, sodass der Autor den Beitrag wieder anderweitig verwerten darf.

Praxistipp:

Für Wissenschaftsautoren gilt nach § 38 Abs. 4 UrhG die Besonderheit, dass das Zweitveröffentlichungsrecht unter bestimmten Umständen nicht ausgeschlossen werden kann. Das wissenschaftliche Zweitverwertungsrecht setzt voraus, dass

- der Beitrag im Rahmen einer mindestens zur Hälfte mit öffentlichen Mitteln geförderten Forschungstätigkeit entstanden und
- in einer periodisch mindestens zwei Mal jährlich erscheinenden Sammlung erschienen ist;
- die Quelle der Erstveröffentlichung angegeben wird;
- für die Zweitveröffentlichung nicht die vom Verlag erstellten Satzdaten verwendet werden. Über die Nutzung der Verlags-

version muss man sich mit dem Verlag entweder verständigen oder darauf verzichten.

Die Zweitveröffentlichung darf erst nach zwölf Monaten erfolgen und ist auf die Nutzungsform des öffentlichen Zugänglichmachens beschränkt (Online-Veröffentlichung).
Das Zweitverwertungsrecht nach § 38 Abs. 4 UrhG gilt nur für Verträge, die ab dem 1. Januar 2014 geschlossen wurden.

Ich publiziere einen Aufsatz in einem Open-Access-Journal. Erhalte ich dafür überhaupt Bildrechte?

Wenn man eine möglichst weite Verbreitung seiner Publikation erreichen möchte, kann es sinnvoll sein, Open Access zu publizieren. Einige Drittmittelgeber verlangen in ihren Förderbestimmungen mittlerweile auch, dass Forschungsergebnisse unter den Bedingungen des Open Access veröffentlicht werden müssen.

Open Access

Es gibt verschiedene Definitionen für Open Access. Ein gängiges Verständnis ist der kosten- und barrierefreie Zugang zu Publikationen für jedermann. Hintergrund ist, dass die Etats der öffentlichen Hand nicht dadurch doppelt belastet werden sollen, indem zunächst das Zustandekommen von Publikationen gefördert und der Zugang dann erneut mit öffentlichen Mitteln (der Träger der Bibliotheken) bezahlt werden muss.

Freie Lizenzen

Texte, die unter den Bedingungen des Open Access publiziert werden, stehen in der Regel unter einer sogenannten freien Lizenz, die gestattet, dass die Dokumente von jedermann gelesen, elektronisch weitergegeben und zum Download bereitgestellt werden können.

→ *S. 62, Freie Lizenzen*

Abbildungen

Sind in dem Text geschützte Abbildungen enthalten, muss der Autor (Lizenzgeber) über alle Rechte an der Abbildung verfügen, die über die Lizenz zur Nachnutzung eingeräumt werden. Das gilt aber nicht nur für die Abbildung als solche, sondern auch für die abgebildeten Gegenstände, sofern diese urheberrechtlich geschützt sind.

Nachnutzung

Sofern der Rechteinhaber oder -vertreter für eine Abbildung oder darin erscheinende Werke eine Publikation unter freier Lizenz nicht zulässt, kann es lohnend sein, gemeinsam mit dem Rechteinhaber nach einer Lösung zu suchen, die die Abbildung vom Geltungsbereich der Lizenz ausnimmt, es aber dennoch erlaubt, den eigenen Text unter freier Lizenz verfügbar zu machen. Diesem Zweck könnten Hinweise beim Lizenzvermerk, in der Bildunterschrift und/oder beim Bildnachweis dienen, die explizit darauf aufmerksam machen, dass die Abbildung nicht von der freien Lizenz umfasst ist und bei deren weiterer Verwendung das Einholen einer Erlaubnis durch den Rechteinhaber erforderlich sein kann.

Social Media

Für die Nutzung von Abbildungen in Social Media gelten dieselben Grundsätze wie bei allen anderen Nutzungen urheberrechtlich geschützter Werke, das heißt, jede Veröffentlichung und Verwertung urheberrechtlich geschützter Werke ist zustimmungspflichtig, wenn keine gesetzliche Erlaubnis greift.

Personen-
fotografie

Bei Personenbildnissen gelten gleichfalls keine anderen Grundsätze als außerhalb von Social Media: Erforderlich ist eine dokumentierbare Einwilligung der abgebildeten Person oder ein überwiegendes berechtigtes Interesse. Bei der Abwägung der Interessen ist zu beachten, dass das Hochladen von Personendaten auf einer Social-Media-Plattform wegen der dortigen Datenverarbeitung einen größeren Eingriff in die Persönlichkeitsrechte darstellt als z. B. auf einem auf dem eigenen Server kontrollierten Museumsblog.

→ *S. 16, Dürfen Personen fotografiert werden?*

Haftung der
Diensteanbieter
nach dem UrhDaG

Seit August 2021 gilt für die Nutzung urheberrechtlich geschützter Inhalte auf Internetplattformen das Urheberrechts-Diensteanbieter-Gesetz (UrhDaG). Das UrhDaG nimmt Internetplattformen in die urheberrechtliche Haftung; ausgenommen sind Startups, kleine Plattformen unter 1 Million € Jahresumsatz sowie nicht gewinnorientierte Online-Enzyklopädien und Repositorien für Bildung und Wissenschaft. Erfasst werden vor allem die großen, gewinnorientierten Social-Media-Plattformen (Facebook, Instagram, YouTube etc.). Sie müssen für Uploads ihrer User Lizenzgebühren an die Verwertungsgesellschaften zahlen. Diese Zahlungspflicht gilt auch dann, wenn der User selbst eine Lizenz vom Urheber bekommen hat. Sinn des Gesetzes ist, dass breitenwirksame Online-Nutzungen zusätzlich vergütet werden, damit die Urheber davon profitieren. Auch für legitime Werknutzungen im Rahmen von sog. Schranken zahlt die Plattform eine Vergütung, während sie für die Uploader frei bleibt.

→ *S. 33, Schranken*

Blockierung

Rechtsinhaber können im Einzelfall verlangen, dass ihr Werk nicht genutzt wird. Die Plattform blockiert dann den hochgeladenen Beitrag. Hiergegen kann ein User in einem von der Plattform angebotenen Beschwerdeverfahren vorgehen, etwa wenn er eine Lizenz hat oder sich auf eine Schranke berufen kann. Ein solches Beschwerdeverfahren schließt nicht aus, dass es ein Gerichtsverfahren geben kann.

Uploadfilter

Rechtsinhaber können bei der Plattform auch ihre Werke automatisiert blockieren lassen (Uploadfilter). Dies wird voraussichtlich bei Parodien und Pastiches, aber vielleicht auch bei anderen Schranken Nutzungen zunächst blockieren, die eigentlich zulässig sind. Hiergegen können die User Beschwerde einlegen. Die User können dann ihren Upload sofort als erlaubt kennzeichnen („flaggen"), so dass er bis zum Abschluss des Beschwerdeverfahrens online bleibt.

Mutmaßlich erlaubte Nutzungen

Mutmaßlich erlaubte Nutzungen bleiben ebenfalls vorläufig online. Hierfür muss die Nutzung nichtkommerziell und geringfügig sein, was das UrhDaG quantifiziert: Film- und Audiowerkteile dürfen maximal 15 Sekunden lang sein, Text darf maximal 160 Zeichen und Bilddateien dürfen maximal 125 kB umfassen. Nur Bilder dürfen hier vollständig genutzt werden, während für andere Werkarten die Nutzung auf maximal die Hälfte des Werkumfangs beschränkt ist. Auch in diesen Fällen kann ein Beschwerdeverfahren eingerichtet werden.

Das UrhDaG muss sich in der Praxis erst bewähren. Vieles ist noch nicht geklärt. Die Verfahren sind noch nicht ausgestaltet, und es gibt keine Präzedenzfälle. Außerdem sind manche Detailfragen noch unklar, z. B. wie die 125 kB Dateigröße gemessen werden sollen

Museum & Fotografien

Anfertigung von Fotografien

Dürfen Besucher in Ausstellungsräumen fotografieren?

Sind die ausgestellten Werke urheberrechtlich geschützt, dürfen Besucher sie nur mit Zustimmung der Künstler fotografieren, es sei denn, die Fotografien dienen dem rein privaten Gebrauch. Das Fotografieren in Ausstellungsräumen kann aber aufgrund des Hausrechts untersagt oder (z. B. aus konservatorischen Gründen) mit Einschränkungen versehen sein. So ist der Einsatz von Blitzlicht oder Selfiesticks in Ausstellungsräumen häufig untersagt.

Das Hausrecht ist unabhängig vom Urheberrecht. Erlaubt ein Museum das Fotografieren in seinen Räumen, entbindet das nicht von der Beachtung des Urheberrechts. Umgekehrt darf ein Museum auch ein Fotografierverbot erlassen, das gemeinfreie Werke umfasst. Eine Änderung bringt nunmehr das geplante Kulturgesetzbuch des Landes NRW mit sich: Es sieht vor, dass die Besucher ein Recht haben, in der Dauerausstellung von öffentlichen Museen zu privaten Zwecken zu fotografieren.

→ *S. 79, Privatkopie*

Veröffentlichung

Darf ich als Besucher Bilder veröffentlichen, a) die ich im Ausstellungsraum aufgenommen habe?

Auch wenn die Anfertigung eines Bilds zu privaten Zwecken erlaubt und das Fotografieren im Ausstellungsraum nicht aufgrund des Hausrechts verboten ist: Veröffentlicht werden dürfen Werkabbildungen nur mit Zustimmung der Künstler, es sei denn, die abgebildeten Werke sind (nach Ablauf der Schutzfrist) gemeinfrei. Das Hausrecht setzt die Regeln des Urheberrechts nicht außer Kraft.

b) die ich im öffentlichen Raum aufgenommen habe?

Wenn auf den Bildern Werke abgebildet sind, die sich bleibend an öffentlichen Straßen, Wegen oder Plätzen befinden, dürfen sie zustimmungsfrei veröffentlicht werden. Sind auch Personen abgebildet, ist das Kunsturheberrechtsgesetz (KUG) zu beachten.

→ *S. 16, Dürfen Personen fotografiert werden?* → *S. 78, Panoramafreiheit*

Personenfotografie

Dürfen Besucher in Ausstellungsräumen fotografiert werden?

→ *S. 16, Dürfen Personen fotografiert werden?*

Darf das Museum

Sammlung

a) Fotografien von Werken der Sammlung anfertigen lassen?

Museen, Archive und Bildungseinrichtungen genießen als Gedächtnisinstitutionen Privilegien (zur Digitalisierungsbefugnis vgl. §§ 60e, 60f UrhG). Diese Privilegierung gestattet jedoch nur die Vervielfältigung, nicht die Bearbeitung. Die Reproduktionsfotografie von dreidimensionalen Werken dürfte damit nach derzeitigem Stand nur insoweit zulässig sein, als sie das Werk möglichst originalgetreu wiedergibt.

→ *S. 73, Museen, Archive, Bildungseinrichtungen*

Leihgaben

b) Fotografien von Leihgaben anfertigen lassen?

Ein Museum darf nur Werke aus dem eigenen Bestand digitalisieren. Die Privilegierung erstreckt sich nicht auf Leihgaben, selbst wenn es sich um Dauerleihgaben handelt.

Ausstellungskataloge

Muss ein Museum für die Herausgabe eines Ausstellungskatalogs die Genehmigungen der Urheber einholen?

Museen, die keine unmittelbaren oder mittelbaren kommerziellen Zwecke verfolgen, ist es erlaubt, Abbildungen von ausgestellten oder in ihrem Bestand befindlichen Werken zu reproduzieren und diese zu verbreiten (§§ 60e, 60f UrhG). Im Zuge des Urheberrechts-Wissensgesellschafts-Gesetzes (UrhWissG) wurde eine Vergütungspflicht für die sogenannte Katalogbildfreiheit eingeführt (§ 60h). Zuvor waren Werkabbildungen in Ausstellungsbroschüren zur Information der Besucher vor Ort nicht vergütungspflichtig. Sie durften nur im zeitlichen Zusammenhang zur Ausstellung vertrieben werden. Diese zeitliche Komponente ist nun entfallen.

Die Privilegierung bezieht sich allerdings nur auf die Urheberrechte an den abgebildeten Werken. Rechte der Reproduktionsfotografen sind nicht erfasst. Bei der Beauftragung externer Fotografen sollte das Museum daher darauf achten, sich die benötigten Nutzungsrechte einräumen zu lassen.

→ *S. 73, Museen, Archive, Bildungseinrichtungen*

Bestandskataloge

Darf das Museum einen Bestandskatalog erstellen?

Für Bestandsdokumentationen dürfen Museen, die nicht kommerziell tätig sind, Abbildungen geschützter Werke aus dem eigenen Bestand (Leihgaben sind von der Privilegierung nicht erfasst) zustimmungsfrei verwenden. Allerdings muss die Nutzung über die zuständige Verwertungsgesellschaft vergütet werden. Die Bestandsdokumentation darf sowohl in Printform erfolgen als auch über elektronische Offline-Medien vertrieben werden. Online-Nutzungen (z. B. in Form von Werkdatenbanken) sind nur mit Zustimmung der Rechteinhaber gestattet.

→ *S. 73, Museen, Archive, Bildungseinrichtungen*

Darf das Museum seine Sammlung im Internet zeigen?

Für urheberrechtlich geschützte Werke bestehen die genannten Einschränkungen. Andere Objekte dürfen, sofern die Nutzung der Fotos geklärt ist, online gezeigt werden.

→ *S. 49, Darf das Museum einen Bestandskatalog erstellen?*

Werbung

Benötigt das Museum für die Abbildung von Werken auf Flyern, Plakaten und Merchandising-Produkten eine Genehmigung?

Soll eine Ausstellung angekündigt und beworben werden, dürfen Abbildungen von einzelnen ausgestellten Werken in Flyern, auf Plakaten, auf der Website des Museums oder in Social Media verwendet werden, ohne dass die Zustimmung des Künstlers eingeholt werden muss. Dabei ist darauf zu achten, dass die Werke nicht verändert oder als Design-Element verfremdet werden. Die Abbildung von Werken auf Postkarten und Merchandising-Produkten ist immer genehmigungspflichtig und muss entsprechend vergütet werden.

→ *S. 57, Ausstellungswerbung*

Fachtagungen & Vorträge

Unterricht und Lehre

Muss ich als Referent die Verwendung von Bildern in Vorträgen genehmigen lassen?

In Unterricht und Lehre an nicht kommerziellen Einrichtungen dürfen Abbildungen geschützter Werke in Vortragsfolien integriert werden. Für die Nutzung ist von der privilegierten Einrichtung eine Vergütung an die zuständige Verwertungsgesellschaft zu entrichten.

→ *S. 68, Lehre*

Kommerzielle Fachtagungen

Bei kommerziellen Fachtagungen ist die Verwendung nur im Rahmen des Zitatrechts und unter Angabe der Quelle gestattet. Will der Veranstalter die Vortragsfolien zum Download bereitstellen, müssen a) die Referenten und b) die Urheber der abgebildeten Werke sowie c) die Fotografen zustimmen. Da Folien als Hilfsmittel eingesetzt werden, enthalten sie oft nur wenige Stichworte, sodass die vom Zitatrecht geforderte Auseinandersetzung mit den abgebildeten Werken nur im Kontext des eigentlichen Vortrags verständlich wird. Dieser Kontext bleibt bei der vollständigen Wiedergabe des Vortrags als Videoaufzeichnung intakt.

→ *S. 91, Zitatrecht*

Nicht kommerzielle Fachtagungen

Für nicht kommerzielle Fachtagungen sieht das Urheberrecht über das Zitatrecht hinaus Nutzungsmöglichkeiten für die wissenschaftliche Forschung vor. Abbildungen dürfen für einen abgegrenzten Personenkreis oder für einzelne Dritte zur Überprüfung der wissenschaftlichen Qualität gezeigt und zugänglich gemacht werden. Dieses Recht umfasst nicht die Aufnahme von Vorträgen und deren Speicherung zum Abruf, beispielsweise auf Videoportalen.

§ 60c UrhG

Die Genehmigung fehlt – was nun?

Nachträgliche Genehmigung

Ich habe vergessen, die Zustimmung zu einer urheberrechtlichen Nutzung einzuholen.

Der Urheber sollte rasch kontaktiert und die Einwilligung nachträglich eingeholt werden, da man sich ohne dessen Genehmigung Unterlassungs- und Schadensersatzansprüchen aussetzt.

Kein gutgläubiger Erwerb

Ich habe darauf vertraut, dass ich die benötigten Rechte erworben habe.

Wer ein urheberrechtlich geschütztes Werk nutzen möchte, ist dafür verantwortlich, die benötigten Rechte zu erwerben. Er muss sich von seinem Vertragspartner notfalls nachweisen lassen, dass er Inhaber der Rechte ist und über diese auch verfügen darf. Ansonsten geht eine Rechtseinräumung ins Leere. Im Urheberrecht sind der gute Glaube und das Vertrauen in den Rechteerwerb nicht geschützt.

Verwaiste Werke

Der Urheber konnte nicht ausfindig gemacht werden.

→ *S. 76, Nicht verfügbare Werke* *siehe auch* → *S. 86, Verwaiste Werke*

Glossar

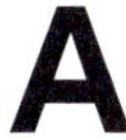

Ausschließliches/exklusives Nutzungsrecht
Siehe unter N → S. 77, Nutzungsrechte

Ausstellungsrecht (§ 18 UrhG)
Das Ausstellungsrecht betrifft das öffentliche Zurschaustellen von Kunstwerken oder Fotografien. Das Ausstellungsrecht besteht nur bis zur ersten Veröffentlichung. Beim Verkauf eines Kunstwerks oder einer Fotografie ist das Ausstellungsrecht inbegriffen (§ 44 Abs. 2 UrhG).

§ 18 UrhG   § 44 Abs. 2 UrhG

Ausstellungswerbung (§ 58 UrhG)
Warum ist Werbung für die Ausstellung oder den öffentlichen Verkauf von Werken zulässig?
Die Privilegierung dient der Förderung von Ausstellungen und Auktionen, von der letztlich auch die Urheber profitieren, da ihre Bekanntheit und der Absatz gesteigert werden.

§ 58 UrhG

Was ist privilegiert?

- Die Herausgabe von Ausstellungsführern und -verzeichnissen (soweit man diese nicht unter § 60f in Verbindung mit § 60e Abs. 1 und 3 UrhG fasst) und Auktionskatalogen,
- die Bewerbung (Plakat, Flyer, Einladungskarten), soweit dies zur Förderung der Veranstaltung erforderlich ist,

- aber nur während der Vorbereitungszeit und Dauer der Ausstellung oder Versteigerung. Das heißt: Online-Werbung muss nach Ende der Ausstellung abgeschaltet werden, Postings auf Social Media gelöscht.

Nicht freigestellt sind die Rechte der Fotografen, die die reproduktionsfähigen Vorlagen angefertigt haben.

B

Bearbeitung (§ 3 UrhG)
Eine Bearbeitung geht im Sinne des UrhG über eine Vervielfältigung hinaus, obwohl sie auch reproduzierende Elemente enthält. Bei einer Bearbeitung entsteht, wenn sie schöpferisch ist, ein neues Werk, beispielsweise eine Übersetzung. Dann ist die Bearbeitung selbst als Werk geschützt. Der Reproduktionsstich eines Gemäldes ist in der Regel eine Bearbeitung. Die Fotografie einer Skulptur kann eine Bearbeitung darstellen. Reine Größen- oder Materialänderungen sind mangels schöpferischer Leistung keine Bearbeitungen, ebenso wenig die Digitalisierung. Bearbeitungen von Material, das nicht selbst geschützt ist, weil es gemeinfrei ist oder keine persönlich-geistige Schöpfung ist, benötigen keine Erlaubnis eines Rechtsinhabers. Bearbeitungen geschützter Werke hingegen dürfen nur mit Zustimmung des ersten Urhebers veröffentlicht und verwertet werden (etwa im Rahmen von Creative Commons). Einige Bearbeitungen benötigen schon für die Herstellung die Zustimmung des Urhebers: Verfilmungen, die Ausfüh-

rung von Werkentwürfen, der Nachbau eines Bauwerks und die Bearbeitung eines Datenbankwerks.

→ S. 79, Persönlich-geistige Schöpfung → S. 62, CC-Lizenzen

§ 3 UrhG § 23 UrhG

Beiwerk (§ 57 UrhG)

Siehe unter U → S. 84, Unwesentliches Beiwerk

§ 57 UrhG

Berichterstattung über Tagesereignisse (§ 50 UrhG)

Warum gibt es eine gesetzliche Erlaubnisnorm für die Berichterstattung?

Die Vorschrift dient dem Informationsinteresse der Allgemeinheit. Sie trägt dem Bedürfnis nach Aktualität der Berichterstattung Rechnung, da zwischen Aufnahme und Berichterstattung nur eine kurze Zeitspanne liegt, innerhalb derer die Lizenzverträge geschlossen werden müssten.

§ 50 UrhG

Was ist privilegiert?

Die Vorschrift privilegiert die Berichterstattung über aktuelle Ereignisse, die für die öffentliche Meinungsbildung relevant sein können.

Tagesereignis

Tagesereignis ist jedes aktuelle Geschehen, das für die Öffentlichkeit von Interesse ist. Aktuell ist ein Ereignis, solange es als Gegenwartsberichterstattung wahrgenommen wird. Ist ein Ereignis nicht mehr als tagesaktuell anzusehen, müssen Abbildungen aus Online-Archiven gegebenenfalls wieder entfernt werden, da der Zeitablauf die zustimmungsfreie Nutzung dann nicht mehr rechtfertigt.

Umfang

Die Werkwiedergabe ist nur in einem durch die Berichterstattung gebotenen Umfang gestattet. Wird zum Beispiel über die Eröffnung einer Ausstellung berichtet, so dürfen einzelne Werke, nicht jedoch die gesamte Ausstellung gezeigt werden.

Die Berichterstattung über Tagesereignisse ist zustimmungs- und vergütungsfrei zulässig.

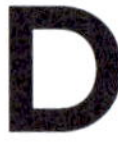

Data Mining (§§ 44b, 60d UrhG)

Was erlaubt die 2021 eingeführte Schranke des „Text und Data Mining“?

Zur digitalen Analyse größerer Text- und Bilddatenbestände ist es notwendig, Werke als Daten zu reproduzieren. Diese Nutzungen sind nunmehr ausdrücklich zulässig, um die Forschung zu erleichtern.

Was ist privilegiert?

Allgemein

Allgemein ist Text und Data Mining zulässig, wenn nach der Auswertung die zwischenzeitlich angelegten Kopien wieder gelöscht werden. Rechteinhaber können das Text und Data Mining in maschinenlesbarer Form untersagen.

→ *§ 44b UrhG*

Forschungszwecke

Für nicht kommerzielle Forschungsorganisationen, Bibliotheken, Museen, Archive und Medienkulturerbe-Einrichtungen, aber auch für einzelne Forscher gibt es darüber hinaus erweiterte Möglichkeiten. Sie dürfen für die gemeinsame wissenschaftliche Forschung und die Qualitätssicherung ihre Daten zugänglich machen. Nach Abschluss der Forschungen ist nur noch die Archivierung der Daten für wissenschaftliche Zwecke zulässig, nicht mehr ihre Zugänglichmachung. Rechtsinhaber dürfen das Text und Data Mining zu Forschungszwecken nicht untersagen, aber technische Maßnahmen zum Schutz ihrer Datensicherheit ergreifen, wenn diese durch das Text und Data Mining gefährdet ist.

→ § 60d UrhG

Das Text und Data Mining ist in beiden Varianten vergütungsfrei zulässig.

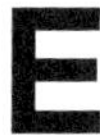

Einfaches/nicht exklusives Nutzungsrecht

Siehe unter N → S. 77, Nutzungsrechte

Erschöpfung

Wurde ein urheberrechtlich geschütztes Werk oder die „Kopie“ eines Werks einmal mit Zustimmung des Berechtigten veräußert (z. B. verkauft), kann der Urheber die Verbreitung dieses Exemplars nicht mehr verbieten. Das Verbreitungsrecht hat sich an diesem konkreten Werkstück „erschöpft“. Die sogenannte Erschöpfung wirkt europaweit, sodass das Werk oder die Kopie auch in jedem anderen Mitgliedstaat der EU weitergegeben werden kann. Durch die Vermietung (= zeitlich begrenzte, Erwerbszwecken dienende Gebrauchsüberlassung) tritt keine Erschöpfung ein. Auch im Online-Bereich gilt der Erschöpfungsgrundsatz nicht.

F

Fotografien (Urheberrechts- oder Lichtbildschutz)
Für die Werkqualität einer Fotografie ist entscheidend, ob ein besonderer Bildausschnitt oder eine ungewohnte Perspektive gewählt wurde. Auch Licht- und Schattenkontraste, Schärfen oder Unschärfen können den urheberrechtlichen Schutz begründen. Nicht schöpferische Fotografien können als Lichtbilder (§ 72 UrhG) geschützt sein. Dieser Lichtbildschutz besteht nicht in allen EU-Mitgliedstaaten. In Österreich und in der Schweiz sind einfache Lichtbilder aber ebenfalls geschützt.

→ *§ 72 UrhG*

Freie Lizenzen
Urheber können ihre Werke auch unter eine sogenannte freie Lizenz stellen und der Allgemeinheit („jedermann") gestatten, sie unentgeltlich zu nutzen. Bei freien Lizenzen wird ebenfalls ein (standardisierter) Lizenzvertrag geschlossen, der allerdings nicht mit jedem einzelnen Nutzer individuell ausgehandelt wird, sondern durch die Nutzung des Werks „automatisch" zustande kommt. Die Nutzung aufgrund einer freien Lizenz ist meist an bestimmte Bedingungen geknüpft.

CC-Lizenzen

Zu den Standardlizenzen gehören zum Beispiel die Creative-Commons-Lizenzen (CC-Lizenzen). CC-Lizenzen funktionieren wie ein Baukastensystem, das sich aus verschiedenen Bedingungen zusammensetzt, die flexibel miteinander kombiniert werden können. In der Regel beinhalten CC-Lizenzen die Namensnennung (BY – Attribution) und/oder die Weitergabe unter gleichen Bedingungen (SA – Share Alike). Letzteres wird auch als „Copyleft-Effekt" bezeichnet, da jedes neuere Werk, das unter Benutzung des älteren geschaffen wird, unter dieselbe Lizenz gestellt werden muss. Andere Lizenzen gestatten nur die nicht kommerzielle Nutzung (NC – Non-Commercial) oder verbieten Bearbeitungen (ND – No Derivatives).

Bei der Verwendung von Werken unter einer freien Lizenz muss darauf geachtet werden, dass deren Bedingungen eingehalten werden, da die Lizenz ansonsten entfällt. Bei jeder Weitergabe von Werken unter einer freien Lizenz muss ein Hinweis auf den Lizenztext erfolgen. Seit 2021 gibt es ausführliche FAQ zu den Creative-Commons-Lizenzen.

→ *S. 24, Freie Lizenzen* → *S. 58, Bearbeitung* ⇨ *Creative Commons*

Freie Lizenzen Lizenzbausteine

CC = Erklärung, eine Creative-Commons-Lizenz zu verwenden.

BY = Pflicht, den Namen des Urherbers zu nennen.

SA = (share alike) Bearbeitungen sind erlaubt, dürfen aber nur unter der gleichen Lizenz publiziert werden.

ND = (no derivatives) **Keine** Bearbeitung erlaubt.

NC = (non-commercial) **Keine** kommerzielle Nutzung erlaubt.

Freie Lizenzen Kombinationen

Die CC-Lizenzelemente können in diesen sechs Kombinationen verwendet werden: **CC BY**, **CC BY-SA**, **CC BY-ND**, **CC BY-NC**, **CC BY-NC-SA**, **CC BY-NC-ND**.

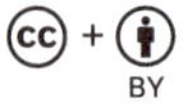

Diese beiden Bausteine bilden zusammen die **CC BY**-Lizenz, die freieste Lizenz aus dem Baukasten. Eine Fotografie, die unter der **CC BY**-Lizenz publiziert ist, darf frei verbreitet, bearbeitet, verändert und genutzt werden, auch kommerziell. Einzige Bedingung ist die Namensnennung im Hinweis auf das verwendete Werk.

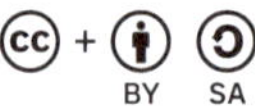

Die Bausteine **ND** und **SA** schließen sich gegenseitig aus und können nicht zusammen verwendet werden.

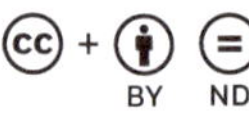

Der Baustein **SA** erlaubt die Verbreitung von Bearbeitungen unter der Bedingung, dass die Lizenz beibehalten wird, während der Baustein **ND** die Bearbeitung nicht erlaubt.

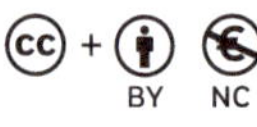

Die nicht kommerzielle Nutzung im Sinne der CC-Lizenzen meint, dass sie „nicht vorrangig auf einen geschäftlichen Vorteil oder eine geldwerte Vergütung gerichtet“ sind.

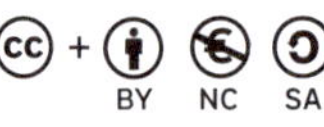

Diese Lizenz erlaubt die Weitergabe von Bearbeitungen, wenn sie unter die gleiche Lizenz gestellt werden. Es sollten sowohl der Name des Urhebers des bearbeiteten Werks als auch der Name des Bearbeiters genannt werden. Eine kommerzielle Nutzung ist auch für die Bearbeitung ausgeschlossen.

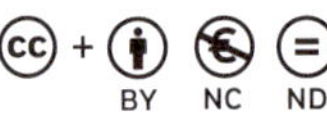

Die restriktivste CC-Lizenz ist **CC BY-NC-ND**. Sie erlaubt lediglich Download und Weiterverteilung des Werks unter Nennung des Urhebernamens, jedoch keinerlei Bearbeitung oder kommerzielle Nutzung.

Freie Lizenzen weitere Bausteine

Es gibt neben diesen Lizenzbausteinen zwei weitere Bausteine zu gemeinfreien Werken.

CC0 = Rechteverzicht: Der Urheber verzichtet auf die Wahrnehmung seiner Rechte und entlässt das Werk in die Gemeinfreiheit.

Public Domain Mark = Kennzeichen für gemeinfreies Werk. Keine Lizenz, sondern Mitteilung, dass keine Rechte an dem Werk bestehen.

Gemeinfreie Werke können nicht lizenziert werden, da an ihnen keine Rechte mehr bestehen. Auch Reproduktionen gemeinfreier Werke sind, sofern von § 68 UrhG erfasst, frei von Urheberrechten. Für diese Werke ist statt eines Lizenzbausteins ein Informationselement zur Rechtefreiheit zu verwenden („Public Domain Mark“). Urheber können auch auf die Wahrnehmung von Rechten vollständig verzichten. Dazu dient die **CC0**-Lizenz.

G

Gesetzliche Erlaubnis

Siehe unter S → S. 82, Schrankenbestimmungen

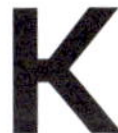

Karikatur, Parodie und Pastiche (§ 51a UrhG)

Warum gibt es die Erlaubnisnorm für Karikaturen, Parodien und Pastiches?

Die Vorschrift sichert die Kunstfreiheit sowie humorvolle und satirische Formen der Kommunikation.

Was ist privilegiert?

Parodien, Karikaturen und Pastiches, die andere Werke verwenden, sind zustimmungs- und vergütungsfrei zulässig. Während Karikaturen und Parodien in Deutschland etablierte Begriffe sind, muss der Begriff des Pastiche noch in der Praxis konturiert werden. Der Gesetzgeber zielt mit der Neuregelung unter anderem auf witzige Collagen und Memes ab, die erlaubt sein sollen. Es gibt freilich Stimmen, die den Begriff erheblich enger fassen möchten. Für den Gebrauch auf Social Media ist zusätzlich noch das Urheberrechts-Diensteanbieter-Gesetz zu beachten.

→ S. 42, Social Media ⇥ § 51a UrhG

Kollektive Wahrnehmung durch Verwertungsgesellschaften

Treuhänderische Wahrnehmung

Der Urheber kann seine Nutzungsrechte und Vergütungsansprüche entweder selbst (individuell) oder durch Verwertungsgesellschaften (kollektiv) wahrnehmen. Die sogenannte kollektive Wahrnehmung ermöglicht die Rechtevergabe bei Nutzungsvorgängen, die sich zum Beispiel aufgrund ihrer Masse der individuellen Kontrolle entziehen. Dazu räumt der Urheber der Verwertungsgesellschaft bestimmte Nutzungsrechte zur treuhänderischen Wahrnehmung ein. In manchen Fällen ist die Wahrnehmung durch Verwertungsgesellschaften auch gesetzlich vorgeschrieben. Die sogenannten Schranken entziehen dem Urheber zwar die Verfügungsbefugnis. Zum Ausgleich kann aber ein Vergütungsanspruch vorgesehen sein, der in der Regel nur durch eine Verwertungsgesellschaft wahrgenommen werden kann (z.B. bei der öffentlichen Wiedergabe von Werken an elektronischen Leseplätzen, § 52b UrhG).

Auf diese Weise repräsentieren die Verwertungsgesellschaften eine große Zahl von Rechteinhabern und fungieren als zentrale Anlaufstelle für den Rechteerwerb. Sie kontrollieren die Werknutzungen und gehen gegen Rechtsverletzungen vor, ziehen die Vergütungen aus der Vergabe von Lizenzen ein und verteilen sie an die Berechtigten.

Wahrnehmungszwang

Durch den Zusammenschluss der Urheber in einer Verwertungsgesellschaft verbessert sich deren Verhandlungsposition gegenüber marktstarken Verwertern. Mit ihrer Monopolstellung sind aber auch Pflichten verbunden, die in dem Gesetz über die Tätigkeit von Verwertungsgesellschaften (VGG) geregelt sind. Sie sind zum Abschluss von Wahrnehmungsverträgen verpflichtet und dürfen niemanden ablehnen. Umgekehrt müssen sie jedem auf Verlangen Nutzungsrechte zu angemessenen Bedingungen einräumen.

⇥ *Verwertungsgesellschaftengesetz*

Der Rechteinhaber wird durch die kollektive Wahrnehmung einerseits vom Verwaltungsaufwand entlastet, kann aber andererseits über seine Rechte auch nicht mehr verfügen. Er kann sich weder die Vertragspartner selbst aussuchen noch über die Höhe der Vergütung bestimmen, da die Verwertungsgesellschaft bei der Einräumung von Nutzungsrechten an die aufgestellten Tarife gebunden ist. Urheber, die nicht von einer Verwertungsgesellschaft vertreten werden, verwalten ihre Rechte selbst oder lassen sie z. B. durch eine Galerie wahrnehmen.

Erweiterte kollektive Lizenz

Seit 2021 dürfen Verwertungsgesellschaften auch die Nutzung von Werken lizenzieren, deren Urheber nicht bei ihnen Mitglied sind, zum Beispiel für Online-Plattformen. Die Rechteinhaber können dieser Rechtseinräumung widersprechen. Diese Möglichkeit besteht über den Fall der nicht verfügbaren Werke hinaus. Kulturinstitutionen könnten solche Lizenzen für ihren Gesamtbestand erwerben.

→ *S. 76, Nicht verfügbare Werke*

L

Lehre (§ 60a UrhG)

Nutzung urheberrechtlich geschützter Materialien in Unterricht und Lehre:

An nicht kommerziellen Bildungseinrichtungen dürfen die Lehrpersonen urheberrechtlich geschützte Werke zur Veranschaulichung, Ergänzung oder Vertiefung des Unterrichts erlaubnisfrei nutzen. In zeitlicher Hinsicht kann die Veranschaulichung vor, während oder nach dem Unterricht oder der Prüfung stattfinden, sodass auch die Vor- und die Nachbereitung privilegiert sind.

Was ist privilegiert?

Im Rahmen der Lehre dürfen urheberrechtlich geschützte Materialien vervielfältigt, verbreitet und öffentlich zugänglich gemacht werden.

Wem dürfen die Materialien zur Verfügung gestellt werden?

Zu dem privilegierten Personenkreis zählen Lehrende, Teilnehmer und Prüfer derselben Veranstaltung. An Teilnehmer anderer Kurse dürfen die Materialien nicht weitergegeben werden. Daraus ergibt sich, dass Materialien innerhalb eines elektronischen Kommunikationsnetzes passwortgeschützt eingestellt werden müssen. Dritten dürfen die Materialien nur dann zur Verfügung gestellt werden, wenn es um die Präsentation der Lehreinheit oder von Lernergebnissen geht (z. B. am Tag der offenen Tür).

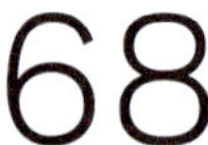

Wie viel darf von einem Werk genutzt werden?

Bis zu 15 Prozent eines Werks dürfen in der Lehre erlaubnisfrei genutzt werden. Bei Büchern sind das Vorwort, Inhalts-, Literatur- und Sachverzeichnis in die Berechnung einzubeziehen (ohne Leerseiten).

Bei einigen Werken besteht keine Einschränkung hinsichtlich des Umfangs:

Abbildungen (wie Fotografien), vergriffene Werke, einzelne Beiträge aus einer wissenschaftlichen Zeitschrift und Werke mit geringem Umfang (Obergrenze für Druckwerke: bis 25 Seiten, Filme und Musik: bis 5 Minuten) dürfen vollständig genutzt werden. Bei Tageszeitungen ist dagegen die Obergrenze von 15 Prozent zu beachten.

Von der gesetzlichen Erlaubnis ausgenommen sind:

Kopien von musikalischen Partituren (Noten), Kopien von Schulbüchern und der Mitschnitt von Live-Veranstaltungen. Sie dürfen nicht erlaubnisfrei genutzt werden.

Vergütungspflicht:

Die vorstehend genannten Nutzungshandlungen in der Lehre sind zustimmungsfrei, müssen von den privilegierten Einrichtungen aber vergütet werden. Die Vergütungsansprüche können nur von Verwertungsgesellschaften geltend gemacht werden.

Bildungseinrichtungen

Bildungseinrichtungen sind alle frühkindlichen Bildungseinrichtungen, Schulen, Hochschulen und Einrichtungen der Berufsbildung einschließlich der sonstigen Aus- und Weiterbildung (§ 60a Abs. 4 UrhG). Für den nicht kommerziellen Zweck kommt es nicht darauf an, ob es sich um eine öffentliche oder private Einrichtung handelt. Entscheidend ist, ob für den Unterricht ein Entgelt gezahlt wird und der Träger der Einrichtung einen Gewinn erzielen möchte.

§ 60a UrhG

Leistungsschutzrechte

Neben den Urhebern (im engeren Sinne) sind auch die Inhaber sogenannter Leistungsschutzrechte (im weiteren Sinne) geschützt. Sie sind dem Urheberrecht „verwandt", weil sie der Vermittlung von geschützten Werken dienen. Leistungsschutzrechte entstehen, wenn

- ausübende Künstler (Schauspieler, Sänger, Tänzer, Studio- oder Orchestermusiker),
- Veranstalter der Darbietungen ausübender Künstler,
- Hersteller von Tonträgern, Filmen oder Datenbanken,
- Sendeunternehmen,
- Presseverleger oder
- Fotografen

zum Kulturschaffen beitragen.

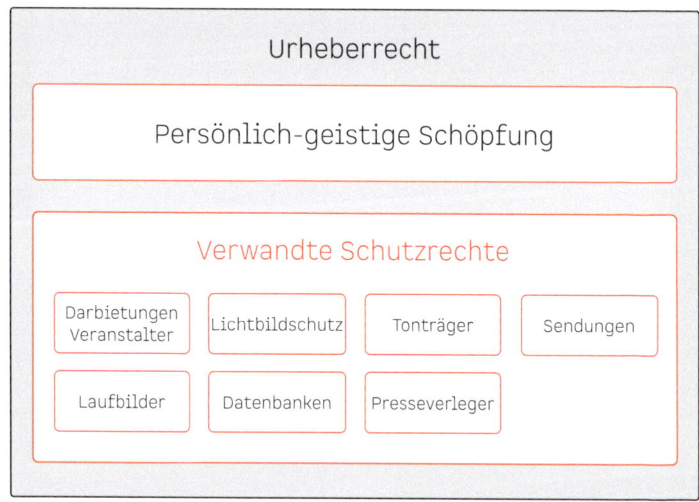

Lichtbild (§ 72 UrhG)
Ein (einfaches) Lichtbild ist eine Fotografie, die keinen schöpferischen Charakter hat, aber im Gegensatz zum technischen Bild eine persönlich-geistige Leistung darstellt. Für Fotografien von Fotografien hat das die Rechtsprechung abgelehnt. Typischerweise sind Reproduktionsfotografien zweidimensionaler Werke anderer Medien (Zeichnungen, Drucke, Gemälde) Lichtbilder. Ein Lichtbildwerk entsteht, wenn der Fotograf bei der Anfertigung schöpferische Entscheidungen getroffen hat, etwa bei der Wahl von Ausschnitt und Perspektive, Belichtung und Nachbearbeitung. Dies ist in der Regel bei Abbildungen dreidimensionaler Werke (Skulptur, Architektur, Kunsthandwerk) der Fall.

→ *S. 15, Urheberrecht bei Lichtbildern* ↦ *§ 72 UrhG*

Lizenzvertrag
Der Urheber kann einem Dritten die Nutzung des Werks erlauben, indem er einen Lizenzvertrag mit ihm schließt. Der Vertragspartner erwirbt mit dem Vertrag ein Nutzungsrecht (Lizenz), auf dessen Grundlage er das Werk in der im Lizenzvertrag beschriebenen Weise nutzen darf. Dafür muss in der Regel eine Lizenzgebühr bezahlt werden. Im Lizenzvertrag werden der Zweck und der Umfang der Nutzungsrechtseinräumung, die Nutzungsdauer sowie die Höhe der Lizenzgebühren festgelegt. Eine Formvorschrift existiert für Lizenzverträge grundsätzlich nicht, doch ist eine schriftliche Fixierung des Vereinbarten schon allein aus Beweisgründen ratsam. Nur wenn Rechte an Nutzungsarten eingeräumt werden, die zum Zeitpunkt

des Vertragsschlusses noch unbekannt sind, muss der Lizenzvertrag schriftlich geschlossen werden. Auch die freien Lizenzen sind Lizenzverträge.

→ *S. 24, Freie Lizenzen*

Zeitlicher Umfang: Die Nutzungsrechtseinräumung kann zeitlich unbeschränkt für die Dauer des gesetzlichen Urheberrechts, das heißt bis zum Ablauf der Schutzfrist, oder zeitlich befristet erfolgen.

Räumlicher Umfang: Die Nutzungsrechte können weltweit eingeräumt oder regional, zum Beispiel auf den deutschsprachigen Raum, begrenzt werden.

Inhaltlicher Umfang: Die Nutzungsrechte können auch auf bestimmte Vertriebsarten begrenzt werden.

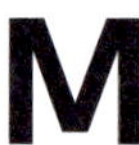

Miturheberschaft (§ 8 UrhG)
Miturheberschaft liegt vor, wenn mehrere gemeinsam an der Entstehung eines Gesamtwerks mitgewirkt haben und dessen Teile nicht gesondert verwertbar sind. Es entsteht ein einziges, unteilbares Urheberrecht, sodass zur Veröffentlichung, Verwertung oder Änderung des Werks die Zustimmung aller Miturheber erforderlich ist.

→ *§ 8 UrhG*

Museen, Archive, Bildungseinrichtungen

(§ 60e, § 60f UrhG)

§ 60e UrhG § 60f UrhG

Warum gibt es eine Privilegierung für Gedächtnisinstitutionen?

Die Gedächtnisinstitutionen sind für die Sammlung, Bewahrung, Erforschung und Vermittlung des Kulturerbes zuständig. Um ihnen ihre Aufgabenerfüllung zu erleichtern, sind bestimmte Nutzungen, die typischerweise in den Gedächtnisinstitutionen stattfinden, privilegiert.

Wer ist privilegiert?

§ 60e UrhG bezieht sich auf Bibliotheken. Über § 60f UrhG werden Archive, Einrichtungen im Bereich des Film- oder Tonerbes, öffentlich zugängliche Museen und Bildungseinrichtungen, die keine unmittelbaren oder mittelbaren kommerziellen Zwecke verfolgen, erfasst.

§ 60e UrhG § 60f UrhG

Was ist privilegiert?

Erlaubt ist nach § 60e Abs. 1 UrhG die Anfertigung von Kopien zu folgenden Zwecken:

- Das Zugänglichmachen im Sinne eines Abrufbarmachens für die Öffentlichkeit richtet sich nach den einschlägigen Erlaubnisnormen (z. B. an elektronischen Terminals). Abs. 1 beinhaltet nur die Erlaubnis für die dazu notwendige Vervielfältigung.
- Unter Indexierung ist das Erstellen von durchsuchbaren Dokumenten zu verstehen.
- Die Katalogisierung ist das Erfassen zur Erschlie-

ßung eines Bestands. Katalogpublikationen werden von Abs. 3 erfasst.
- Mit Erhaltung ist insbesondere die Langzeitarchivierung angesprochen.
- Die Restaurierung meint die Wiederherstellung.

Seit Sommer 2021 gelten diese Regeln auch für kommerzielle Zwecke verfolgende Institutionen, z. B. Firmenarchive.

Weitere Nutzungsmöglichkeiten beziehen sich auf die Restaurierung (§ 60e Abs. 2 UrhG). Erlaubt ist das Verbreiten der Kopien an andere privilegierte Einrichtungen zum Zweck der Restaurierung sowie das Verleihen von restaurierten Werken und von Vervielfältigungsstücken von Zeitungen, vergriffenen oder zerstörten Werken.

Austellungen, Broschüren, Dokumentationen

Erlaubt ist nach § 60e Abs. 3 UrhG außerdem das Verbreiten von Werken der bildenden und angewandten Kunst, Lichtbild- und Filmwerken sowie Darstellungen wissenschaftlicher oder technischer Art (§ 2 Abs. 2 Nr. 4–7 UrhG) in Zusammenhang mit deren öffentlicher Ausstellung oder zur Dokumentation des Bestands. Deshalb können Ausstellungsbroschüren und Bestandsdokumentationen angefertigt und vertrieben werden, und zwar auch nach dem Ende einer Ausstellung. Der vormals geforderte enge zeitliche Zusammenhang mit einer Ausstellung ist entfallen. Die Erlaubnisnorm bietet jedoch keine Grundlage, um die Bestände der privilegierten Einrichtungen über das Internet sichtbar zu machen. Obwohl die digitale Sichtbarkeit ein wichtiges gesellschaftspolitisches Anliegen ist, könnte der deutsche Gesetzgeber sie nicht erlauben, da es dafür einer Grundlage nach EU-Recht bedarf, die erst geschaffen werden müsste.

→ *§ 2 Abs. 2 Nr. 4–7 UrhG*

Elektronische Terminals

Schließlich erlaubt § 60e Abs. 4 UrhG das Zugänglichmachen von Werken aus dem Bestand an elektronischen Terminals in den Räumen der privilegierten Einrichtung. Die Terminalnutzung ist auf Werke aus dem Bestand der Einrichtung beschränkt, Leihgaben im Zuge einer Ausstellung fallen nicht darunter. Die Terminals müssen in den Räumlichkeiten der privilegierten Einrichtung aufgestellt sein. Zugriffe von außen sind nicht privilegiert. Zu nicht kommerziellen Zwecken dürfen die Nutzer bis zu 10 Prozent eines Werks ausdrucken oder auf digitale Speichermedien kopieren (sogenannte Anschlussnutzungen). Einzelne Abbildungen, Beiträge aus derselben Fachzeitschrift oder wissenschaftlichen Zeitschrift, sonstige Werke geringen Umfangs und vergriffene Werke dürfen vollständig kopiert werden. Zeitungen und Zeitschriften sind von der Anschlussnutzung ausgenommen.

Vergütungspflicht: Vervielfältigungen zum Zweck der Zugänglichmachung sind zu vergüten, die anderen Zwecke (Indexierung, Katalogisierung, Erhaltung und Restaurierung) sind vergütungsfrei (§ 60h Abs. 2 Nr. 2 UrhG). Für gedruckte Bestandskataloge gibt es seit 2018 bei der VG Bild-Kunst einen Tarif für nicht kommerzielle Museumskataloge. Die Vergütungsansprüche können nur von Verwertungsgesellschaften geltend gemacht werden.

→ *60e UrhG* → *§ 60f UrhG* → *§ 60h UrhG*

→ *Tarife der VG Bild-Kunst*

N

Namensnennung (§ 13 UrhG)
Der Urheber hat das Recht auf Anerkennung seiner Urheberschaft. Er kann sich dagegen wehren, wenn eine andere Person sich sein Werk als eigenes anmaßt (Plagiat). Umgekehrt hat der Urheber das Recht, nicht genannt zu werden, wenn er lieber anonym bleiben möchte. Er darf auch ein Pseudonym (Künstlernamen) verwenden.

→ *§ 13 UrhG*

Nicht verfügbare Werke (§ 61d UrhG)
Warum ist die Nutzung nicht verfügbarer Werke erlaubt?
Es handelt sich um eine Nachfolgeregelung für die Nutzungsmöglichkeiten vergriffener Werke. Sie soll einfacher sein, doch es fehlt noch an Erfahrungswerten. Ziel ist, Kulturgut aus Archiven und anderen Kulturerbeinstitutionen mit unklarer Urheberschaft zugänglich zu machen. Die Regelungen hierzu verteilen sich auf das UrhG und das Verwertungsgesellschaftengesetz (VGG).

Was ist privilegiert?
Falls es für das Werk eine „repräsentative Verwertungsgesellschaft“ gibt (z. B. für Druckgrafik die VG Bild-Kunst), erteilt sie eine vergütungspflichtige Nutzungslizenz. Das kann die Verwertungsgesellschaft jetzt auch für Werke von Urhebern vollziehen, die nicht bei ihr Mitglied sind. Die Verwertungsgesellschaft meldet dann die Werknutzung beim Amt

der Europäischen Union für geistiges Eigentum (EUIPO) an. Dort wird die geplante Nutzung online bekannt gegeben. Rechteinhaber haben sechs Monate Zeit, sich zu melden. Danach ist die Nutzung rechtssicher möglich. Falls es keine repräsentative Verwertungsgesellschaft gibt (z. B. für ein Konvolut von Amateurfotos), kann man die Werke lizenzfrei nutzen, muss sie aber selbst bei der EUIPO anmelden.

Praxistipp:
Es wird wahrscheinlich in absehbarer Zukunft eine Rechtsverordnung geben, die Verfahrensschritte und die Frage, was eine repräsentative Verwertungsgesellschaft ist, konkretisiert.

Altlizenzen
Das Register vergriffener Werke wird bis 2025 aufgelöst. Erteilte Lizenzen für die Nutzung vergriffener Werke müssen bis 31.12.2025 in das Out-of-Commerce Works Portal bei der EUPIO eingetragen werden.

→ § 61d UrhG → Out-of Commerce Works Portal

Nutzungsrechte (§ 31 UrhG)
Einfaches bzw. nicht exklusives Nutzungsrecht
Einfache Nutzungsrechte können mehrfach vergeben werden, sodass auch andere Personen das Werk nutzen können.
Ausschließliches bzw. exklusives Nutzungsrecht
Ausschließliche Nutzungsrechte können nur ein Mal vergeben werden. Sie schließen alle anderen Personen von der Nutzung des Werks aus, auch den Urheber selbst.

→ 31 UrhG

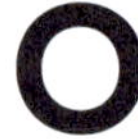

Öffentlich zugänglich machen (§ 19a UrhG)
Das Recht der öffentlichen Zugänglichmachung bezieht sich auf Internetnutzungen. Es ist dadurch gekennzeichnet, dass der Abruf durch den Nutzer von jedem Ort aus und zu jeder Zeit erfolgen kann.

→ § 19a UrhG

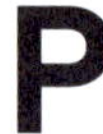

Panoramafreiheit (§ 59 UrhG)

Warum gibt es die Straßenbild- oder Panoramafreiheit?

Ohne diese Erlaubnisnorm wäre das Fotografieren im öffentlichen Raum stark eingeschränkt.

Was ist privilegiert?

Mit bildnerischen Mitteln (Malerei, Grafik, Fotografie, Film etc.) dürfen Werke, die sich bleibend an öffentlichen Straßen, Wegen oder Plätzen befinden, zustimmungs- und vergütungsfrei vervielfältigt, verbreitet und öffentlich wiedergegeben werden. Bei Bauwerken erstreckt sich diese Befugnis nur auf die Außenansicht.

An öffentlichen Straßen, Wegen oder Plätzen: Werke, die sich im öffentlichen Raum befinden, dürfen nur fotografiert werden, wenn sie ohne Hilfsmittel (z. B. Leitern oder Drohnen) frei einsehbar sind. Innenhöfe oder diejenigen Teile eines Grundstücks, die nur von Balkonen oder Dächern aus einsehbar sind, fallen nicht darunter, da allein die Außenansicht von Gebäuden durch die Panoramafreiheit privilegiert ist. Bleibend befinden sich Werke an öffentlichen Straßen, Wegen oder Plätzen, die dort für die Dauer ihrer Existenz aufgestellt wurden. Dementsprechend bezieht sich die Privilegierung auch auf vergängliche Werke wie Pflastermalereien, Schneeskulpturen oder Graffiti. Werke, die nur zum temporären Verbleib (wie der durch die Künstler Christo und Jeanne-Claude verhüllte Reichstag) im öffentlichen Raum aufgestellt wurden, fallen nicht unter die Panoramafreiheit.

→ *§ 59 UrhG*

Persönlich-geistige Schöpfung (§ 2 Abs. 2 UrhG)
Eine persönlich-geistige Schöpfung erfordert ein Mindestmaß an Kreativität und Individualität. Sie kann nur durch menschlich gesteuertes Schaffen hervorgebracht werden. Zufallsprodukte und maschinelle Erzeugnisse sind vom urheberrechtlichen Schutz ausgenommen. Außerdem muss das Werk eine bestimmte Form angenommen haben und dadurch von anderen Werken klar und eindeutig abgrenzbar sein. Ideen, Konzepte, der künstlerische Stil oder die Methode sind nicht geschützt.

→ *§ 2 Abs. 2 UrhG*

Privatkopie (§ 53 UrhG)
Warum sind Kopien für den persönlichen Gebrauch zulässig?
Hintergrund dieser Regelung ist, dass das Verbotsrecht im privaten Bereich wegen fehlender Kontrollmöglichkeiten nicht durchsetzbar ist. Vervielfälti-

gungen für den persönlichen Gebrauch sind deshalb auch nicht vergütungsfrei. Vergütungspflichtig sind allerdings nicht die privilegierten Nutzer, sondern die Hersteller, Importeure und Betreiber von Geräten (z. B. Kopierer) und Leermedien (z. B. Speichersticks).

→ *§ 53 UrhG*

Was ist privilegiert?
Erlaubt sind Kopien zum privaten oder sonstigen eigenen Gebrauch. Es dürfen aber nur solche Vorlagen kopiert werden, die nicht offensichtlich rechtswidrig hergestellt oder öffentlich zugänglich gemacht wurden.

Privater Gebrauch: Kopien zum privaten Gebrauch (§ 53 Abs. 1 UrhG) dürfen keinen beruflichen oder erwerbswirtschaftlichen Zwecken dienen. Berufliche oder erwerbswirtschaftliche Zwecke schließen den privaten Gebrauch aus. Privatkopien dürfen auch durch andere hergestellt werden, solange dies unentgeltlich geschieht. Wenn für die Herstellung ein Entgelt gezahlt wird, dürfen nur analoge Kopien angefertigt werden. Die entgeltliche Herstellung von digitalen Kopien durch andere ist nicht privilegiert.

→ *§ 53 Abs. 1 UrhG*

Eigener Gebrauch: Der eigene Gebrauch → § 53 Abs. 1 UrhG darf auch zu beruflichen oder erwerbswirtschaftlichen Zwecken erfolgen, ist aber nur in engen Grenzen zulässig:

- zur Aufnahme in ein eigenes Archiv,
  → *§ 53 Abs. 2 S. 1 Nr. 1 UrhG*
- zur Unterrichtung über Tagesfragen,
  → *§ 53 Abs. 2 S. 1 Nr. 3 UrhG*

- zum sonstigen eigenen Gebrauch (§ 53 Abs. 2 S. 1 Nr. 4 UrhG) dürfen kleine Teile eines erschienenen Werks und einzelne Beiträge aus Zeitungen oder Zeitschriften (Buchstabe a) vervielfältigt werden sowie Werke, die seit mindestens zwei Jahren vergriffen sind (Buchstabe b).

  ⇥ *§ 53 Abs. 2 S. 1 Nr. 4 UrhG*
- Der eigene Gebrauch ist weiterhin dadurch eingeschränkt, dass digitale Kopien oder Nutzungen ausgeschlossen sind.

Nicht erlaubt sind:

- die Vervielfältigung von Notenmaterial sowie ganzer Bücher und Zeitschriften,

  ⇥ *§ 53 Abs. 4 UrhG*
- die Vervielfältigung von elektronischen Datenbanken,

  ⇥ *§ 53 Abs. 5 UrhG*
- die Weitergabe oder öffentliche Wiedergabe von Privatkopien,

  ⇥ *§ 53 Abs. 6 UrhG*
- die Aufnahme von öffentlichen Vorträgen, Aufführungen oder Vorführungen, die Ausführung von Plänen und Entwürfen eines Werks der bildenden Kunst sowie der Nachbau eines Werks der Baukunst.

  ⇥ *§ 53 Abs. 7 UrhG*

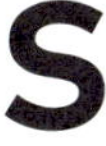

Schöpferprinzip (§ 7 UrhG)
Der Urheber ist derjenige, der ein Werk durch seine persönliche, geistige Leistung geschaffen hat. Im deutschen Recht kann der Urheber damit nur eine

natürliche Person, aber kein Unternehmen sein. Das gilt auch im Arbeitsverhältnis, sodass der Inhaber des Urheberrechts nicht der Arbeitgeber als Auftraggeber ist (Doktrin „work made for hire"), sondern der angestellte Arbeitnehmer. Das unterscheidet das kontinentaleuropäische Urheberrecht vom Copyright, wie es die USA, das Vereinigte Königreich und die vom Commonwealth beeinflussten Staaten kennen. Der Arbeitgeber erwirbt aber alle für ihn wirtschaftlich relevanten Nutzungsrechte, wenn ein angestellter Urheber ein Werk in Erfüllung seiner arbeitsvertraglichen Pflichten geschaffen hat (§ 43 UrhG). Nur soweit die Rechte zur Erfüllung des Betriebszwecks nicht benötigt werden, verbleiben sie beim Urheber. Damit tritt der Amortisationsgedanke in den Vordergrund, demzufolge sich die Investition als Anreiz zur Schaffung urheberrechtlich geschützter Leistungen amortisieren soll. Der ursprüngliche Gedanke der Alimentation hingegen sollte dem Urheber und seinen Angehörigen eine angemessene Vergütung sichern.

→ *§ 43 UrhG* → *§ 7 UrhG*

Schrankenbestimmungen
Steht ein Werk nicht unter einer freien Lizenz, muss prinzipiell ein Lizenzvertrag mit dem Urheber oder Rechteinhaber geschlossen werden. Für bestimmte Bereiche, zum Beispiel in der Lehre und Forschung, hat der Gesetzgeber jedoch die Möglichkeit geschaffen, urheberrechtlich geschützte Werke auf der Grundlage einer gesetzlichen Erlaubnis (sogenannter Schranken) zu nutzen. Greift eine sogenannte

Schrankenbestimmung, muss keine Lizenz erworben werden. Unter Umständen ist die Nutzung aber vergütungspflichtig.

Schutzdauer

Die Dauer des urheberrechtlichen Schutzes beträgt innerhalb der EU 70 Jahre nach dem Tod des letzten lebenden Urhebers. Bei den verwandten Schutzrechten (z. B. nicht originale Fotografien) gilt in der Regel eine kürzere Schutzfrist von 50 Jahren ab Erscheinen (bzw. bei Nichterscheinen nach der Herstellung). Nach Ablauf der Schutzfrist wird ein Werk gemeinfrei. Gemeinfreie Werke können von jedermann verwendet werden. Lichtbilder, die gemeinfreie Werke abbilden, sind seit Sommer 2021 rechtefrei. Lichtbildwerke, die gemeinfreie Werke abbilden, bleiben als solche geschützt.

Schutzdauer:

- Geschützte Werke: 70 Jahre post mortem autoris (p. m. a.); nach Ablauf der Schutzfrist wird das Werk gemeinfrei.
- Verwandte Schutzrechte: 50 oder 70 Jahre (soweit EU-harmonisiert); Beginn ab Erscheinen bzw. bei Nichterscheinen ab Herstellung.
- Anonyme oder pseudonyme Werke: 70 Jahre nach Veröffentlichung bzw. nach Herstellung.

Fristberechnung:

Die Fristen beginnen mit dem Ablauf des Kalenderjahres, in dem das für den Beginn der Frist maßgebliche Ereignis eingetreten ist. Beispiel: Claude Monet starb am 5. Dezember 1926. Die Frist begann mit Ablauf des Jahres 1926. Am 1.1.1997 wurde das Werk Monets gemeinfrei.

Senderecht (§ 20 UrhG)
Beim Senderecht bestimmt – im Unterschied zum Recht der öffentlichen Zugänglichmachung – der Sendende einseitig den Zeitpunkt der Sendung.

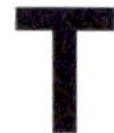 § 20 UrhG

T

Text Mining
Siehe unter D → S. 60, Data Mining

U

Unwesentliches Beiwerk (§ 57 UrhG)
Warum gibt es die Erlaubnisnorm für unwesentliches Beiwerk?
Die Vorschrift ergänzt § 50 UrhG, der auf die Berichterstattung über Tagesereignisse beschränkt ist.

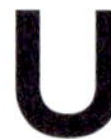 § 50 UrhG → § 57 UrhG

Was ist privilegiert?
Werke, die zufällig oder nebensächlich neben dem eigentlichen Abbildungsgegenstand auftauchen, dürfen zustimmungs- und vergütungsfrei verwertet werden. Als unwesentliches Beiwerk ist ein Werk nur dann anzusehen, wenn es beliebig austauschbar ist, ohne dass die Gesamtwirkung dadurch beeinflusst wird. Für Elemente, die stil- und stimmungsbildend wirken, entfällt die Privilegierung.

Urheberpersönlichkeitsrechte
- Veröffentlichung: → § 12 UrhG
- Namensnennung: → § 13 UrhG
- Werkintegrität: → § 14 UrhG

Urheberrecht
Das Urheberrecht schützt Werke auf dem Gebiet der Literatur, Wissenschaft und Kunst. Gesetzlich geregelt ist es in Deutschland im Urheberrechtsgesetz. Das Urheberrecht ist als solches auch durch die Eigentumsgarantie des Grundgesetzes (Art. 14 GG) geschützt.

Das Urheberrecht ist abzugrenzen vom Patent und Gebrauchsmuster, die technische Erfindungen schützen, von der Marke, die Produkte oder Dienstleistungen schützt, und vom Design, das die Form- oder Farbgebung für ein Erzeugnis schützt. Im Gegensatz zu ihnen ist das Urheberrecht kein Registerrecht, das heißt, es setzt keine Anmeldung und Eintragung voraus, sondern entsteht ohne weitere Formalitäten durch den Schaffensprozess.

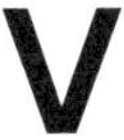

Verbreitungsrecht (§ 17 UrhG)
Verbreiten meint, dass urheberrechtlich geschützte Werke öffentlich angeboten oder vertrieben werden. Zum Verbreiten gehört auch die Vermietung.
→ § 17 UrhG

Veröffentlichung (§ 12 UrhG)
Der Urheber hat das Recht, zu bestimmen, ob und wie sein Werk veröffentlicht wird. Veröffentlicht ist ein Werk, wenn es einer Mehrzahl von Personen, die nicht durch persönliche Beziehungen untereinander verbunden sind, zugänglich gemacht worden ist (z. B. durch die Verbreitung von Publikationen, in einem öffentlichen Vortrag oder via Internet).

→ § 12 UrhG

Vervielfältigungsrecht (§ 16 UrhG)
Vervielfältigung ist das Herstellen von Kopien in analoger oder digitaler Form.

→ § 16 UrhG

Verwaiste Werke (§ 61 UrhG)
Verwaiste Werke sind Werke, bei denen der Urheber oder der aktuelle Rechteinhaber entweder nicht bekannt oder zwar bekannt ist, aber im Rahmen einer sorgfältigen Suche nicht ausfindig gemacht werden kann. Wo zu suchen ist und wie die Suche zu dokumentieren ist, ist gesetzlich im Einzelnen geregelt. Die Regelung gilt für Fotografien und Werke der bildenden Kunst jedoch nur insoweit, als diese in Schriftwerken, Filmen oder audiovisuellen Werken enthalten sind, nicht hingegen für eigenständige Fotografien und Werke der bildenden Kunst. Das Deutsche Patent- und Markenamt (DPMA) sowie das Amt der Europäischen Union für Geistiges Eigentum (EUIPO) führen eine Liste verwaister Werke. Öffentlich zugängliche Bibliotheken, Bildungseinrichtungen, Museen, Archive,

im Bereich des Film- oder Tonerbes tätige Einrichtungen sowie öffentlich-rechtliche Rundfunkanstalten dürfen verwaiste Werke ohne Einwilligung und ohne Vergütung vervielfältigen und online zugänglich machen, solange sich der Urheber nicht nachträglich noch meldet. Für die Nutzung solcher Werke können die genannten Einrichtungen eine Vergütung verlangen, die ihre Kostendeckung jedoch nicht übersteigen darf. Eine Nachnutzung durch Benutzer der genannten Einrichtungen ist nur im Rahmen gesetzlicher Schrankenbestimmungen zulässig. Wegen der praktischen Schwerfälligkeit des Instruments der verwaisten Werke wird in vielen Fällen die neu eingeführte Kategorie der nicht verfügbaren Werke in der Anwendung vorzuziehen sein.

→ *S. 76, Nicht verfügbare Werke* ⇥ *§ 61 UrhG*

Verwandte Schutzrechte

Siehe unter L → *S. 70, Leistungsschutzrechte*

Verwertungsrechte (§ 15 UrhG)

Der bloße Werkgenuss, wie das Betrachten eines Werks oder einer Fotografie, ist frei. Die nachfolgend beschriebenen Handlungen dürfen jedoch nur vorgenommen werden, wenn die dafür erforderlichen Rechte erworben wurden oder die Werknutzung durch eine gesetzliche Erlaubnis gestattet ist. Die Ausschließlichkeitsrechte umfassen die körperliche und unkörperliche Verwertung geschützter Werke.

→ *S. 71, Lizenzvertrag* → *S. 82, Schrankenbestimmungen* ⇥ *§ 15 UrhG*

§ 15 Abs. 1 UrhG (körperliche Verwertung)
- das Vervielfältigungsrecht (§ 16)
- das Verbreitungsrecht (§ 17)
- das Ausstellungsrecht (§ 18)

§ 15 Abs. 2 UrhG (unkörperliche Verwertung)
- das Vortrags-, Aufführungs- und Vorführungsrecht (§ 19)
- das Recht der öffentlichen Zugänglichmachung (§ 19 a)
- das Senderecht (§ 20)
- das Recht der Wiedergabe durch Bild- oder Tonträger (§ 21)
- das Recht der Wiedergabe von Funksendungen und von öffentlicher Zugänglichmachung (§ 22)

Vortrags-, Aufführungs- und Vorführungsrecht
(§ 19 UrhG)
Von diesem Verwertungsrecht umfasst ist
- das Vortragen von Texten,
- die Aufführung eines Musikstücks oder Bühnenwerks oder
- die Vorführung mittels technischer Hilfsmittel.

→ *§ 19 UrhG*

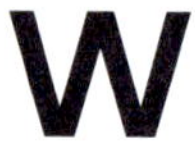

Werkarten (§ 2 Abs. 1 UrhG)
§ 2 Abs. 1 UrhG enthält eine beispielhafte Aufzählung verschiedener Werkarten:
- Sprachwerke wie Schriftwerke, Reden und Computerprogramme (Nr. 1)
- Werke der Musik (Nr. 2)

- pantomimische Werke einschließlich der Werke der Tanzkunst (Nr. 3)
- Werke der bildenden Künste einschließlich der Werke der Baukunst und der angewandten Kunst und Entwürfe solcher Werke (Nr. 4)
- Lichtbildwerke (Nr. 5)
- Filmwerke (Nr. 6)
- Darstellungen wissenschaftlicher oder technischer Art, wie Zeichnungen, Pläne, Karten, Skizzen, Tabellen und plastische Darstellungen (Nr. 7)

Auch Entwürfe, Teile von Werken und Sammlungen sind urheberrechtlich geschützt. Der urheberrechtliche Schutz wird jedoch nicht allein durch die Zugehörigkeit zu einer der genannten Kategorien begründet. Nur persönlich-geistige Schöpfungen sind urheberrechtlich geschützt.

→ *S. 79, Persönlich-geistige Schöpfungen* ⇥ *§ 2 Abs. 1 UrhG*

Werkintegrität (§ 14 UrhG)
Der Urheber hat das Recht, Entstellungen oder andere Beeinträchtigungen (gegenüber der Entstellung der weniger intensive Eingriff) seines Werks zu verbieten. Das Recht auf Werkintegrität beinhaltet eine Interessenabwägung. Sind die Interessen des Urhebers nicht gefährdet, muss er Einwirkungen auf sein Werk hinnehmen. Unter Umständen muss er sogar die Zerstörung seines Werks dulden, weil ein verfälschter Eindruck nicht mehr vermittelt werden kann, wenn ein Werk nicht mehr existiert.

⇥ *§ 14 UrhG*

Werkverbindung (§ 9 UrhG)
Bei einer Werkverbindung lassen sich einzelne Bestandteile gesondert verwerten. An den Werkteilen besteht jeweils ein eigenes Urheberrecht. Für mehrere Urheber kann es jedoch vorteilhaft sein, sich zusammenzuschließen, wenn sich ihre Werke insbesondere in ihrer Verbindung optimal verwerten lassen.

→ *§ 9 UrhG*

Wiedergabe durch Bild- oder Tonträger (§ 21 UrhG) **und Wiedergabe von Funksendungen** (§ 22 UrhG)
Diese sogenannten Zweitverwertungsrechte stellen sicher, dass der Urheber auch an deren Verwertung finanziell partizipiert.

→ *§ 21 UrhG* → *§ 22 UrhG*

Wissenschaftliche Forschung (§ 60c UrhG)
Nutzung urheberrechtlich geschützter Materialien in der wissenschaftlichen Forschung:
Innerhalb eines abgegrenzten Personenkreises (z. B. Forscherverbund) dürfen urheberrechtlich geschützte Werke bis zu einem Umfang von 15 Prozent erlaubnisfrei genutzt werden. Die Berechnung des Gesamtumfangs bemisst sich wie in der Lehre. Für das Text und Data Mining im Rahmen der wissenschaftlichen Forschung gibt es eine eigene Vorschrift.

→ *S. 60, Data Mining* → *§ 60c UrhG*

Umfang

Abbildungen (wie Fotografien), vergriffene Werke, einzelne Beiträge aus einer wissenschaftlichen Zeitschrift und Werke mit geringem Umfang (Obergrenze für Druckwerke: bis 25 Seiten, für Filme und Musik:

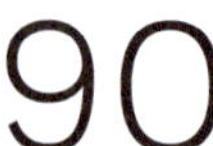

bis 5 Minuten) dürfen wie in der Lehre vollständig genutzt werden. Bei Tageszeitungen gilt die Obergrenze von 15 Prozent.

Für die eigene wissenschaftliche Forschung dürfen bis zu 75 Prozent eines Werks analog oder digital vervielfältigt werden. Erlaubt ist aber nur die Vervielfältigung, nicht die Weitergabe.

Vergütungspflicht:
Die vorstehend genannten Nutzungshandlungen in der Forschung sind zustimmungsfrei, müssen von den privilegierten Einrichtungen aber vergütet werden. Die Vergütungsansprüche können nur von Verwertungsgesellschaften geltend gemacht werden.

Z

Zitatrecht (§ 51 UrhG)

Warum gibt es die Zitierbefugnis?
Das Zitatrecht dient der geistigen Auseinandersetzung mit bestehenden Werken.

→ *§ 51 UrhG*

Was ist privilegiert?
Das Zitatrecht erlaubt die (unveränderte) Übernahme von urheberrechtlich geschützten Werken oder Werkteilen zum Zweck der Auseinandersetzung oder des Belegs (Zitatzweck) unter Angabe der Quelle. Zitate können in Form des Text-, Bild-, Film- oder Musikzitats auftreten.

Nach § 51 UrhG ist das Zitieren aus fremden, geschützten Werken unter bestimmten Voraussetzungen erlaubt: Zitiert werden darf nur aus veröffentlichten Werken.

Zitatzweck:
Zwischen dem neuen und dem zitierten Werk muss ein innerer Bezug bestehen. Das zitierte Werk muss als Beleg für die eigene Gedankenführung (Belegfunktion) herangezogen werden, um den eigenen Standpunkt zu stützen, zu begründen, zu veranschaulichen oder besser verständlich zu machen. Auch die kritische Auseinandersetzung mit dem zitierten Werk ist erlaubt. Das Mittel des Zitats darf aber nicht lediglich zu dem Zweck eingesetzt werden, um sich eigene Ausführungen zu ersparen oder nur zu illustrieren.

Selbstständiges Werk:
Zitiert werden darf nach dem Wortlaut nur in selbstständigen Werken. Bei Dissertationen und anderen wissenschaftlichen Schriften wird diese Voraussetzung regelmäßig erfüllt sein; hingegen muss es sich zum Beispiel bei Vortragsfolien oder Blogposts nicht zwangsläufig um selbstständig geschützte Werke handeln. Das EU-Recht ist in dieser Hinsicht großzügiger und lässt Zitate auch in nicht selbstständig geschützten Werken zu. In der deutschen Rechtsprechung wurde dies aber noch nicht nachvollzogen.

Erlaubter Umfang:
Die Zitate müssen nach ihrer Anzahl und Länge in einem angemessenen Verhältnis zum Gesamtwerk stehen. Der erlaubte Umfang wird durch den Zitatzweck bestimmt: Maßgeblich ist, welcher Umfang des Zitats für die geistige Auseinandersetzung erforderlich ist.

Außerdem gilt die ungeschriebene Voraussetzung, dass das Zitat die Lektüre der Vorlage nicht ersetzen darf.

Änderungsverbot:
Die zitierten Passagen dürfen nicht verändert werden.

Quellenangabe:
Zitate müssen als solche kenntlich gemacht und die Quelle angegeben werden.

Die Zitierbefugnis erstreckt sich (seit einer Gesetzesänderung durch das UrhWissG) gemäß § 51 S. 3 UrhG auch auf die Abbildung des zitierten Werks. Die Vorschrift berücksichtigt, dass bei Abbildungen zum Zwecke des Zitats die Auseinandersetzung regelmäßig mit dem abgebildeten Gegenstand erfolgt, während die Abbildung als solche austauschbar ist.

Die Zitierbefugnis ist zustimmungs- und vergütungsfrei.

Zitierfreiheit (§ 51 UrhG)

- Veröffentlichung des zitierten Werks
- Zitatzweck: Auseinandersetzung mit einem bestehenden Werk
- Zitatumfang
- Neues selbstständiges Werk
- Keine Substitution der Vorlage
- Änderungsverbot
- Quellenangabe
- Zustimmungs- und vergütungsfrei

→ § 51 UrhG

Checkliste

1) Wie beschaffe ich eine Reproduktionsvorlage?

→ *S. 31, Reproduktionsvorlage*

a) Ist eine Vorlage vorhanden?

b) Was muss ich beachten, wenn ich eine Fotografie selbst anfertigen möchte?

c) Erwerb der Vorlage von einer Bildagentur, Bilddatenbank etc.

d) Über das Internet gefunden.

e) Aus anderer Quelle eingescannt.

2) Benötige ich eine Lizenz?

a) Ist der abgebildete Gegenstand geschützt?

→ *S. 32, Erwerb von Nutzungsrechten an dem besprochenen Werk*

b) Ist die Fotografie geschützt?

→ *S. 34, Erwerb von Nutzungsrechten an der Fotografie*

c) Ist die Schutzfrist abgelaufen?

→ *S. 32, Erwerb von Nutzungsrechten an dem besprochenen Werk*

→ *S. 34, Erwerb von Nutzungsrechten an der Fotografie*

d) Gibt es einen Ausnahmetatbestand (gesetzliche Erlaubnis bzw. Schranke)?

→ *S. 32, Erwerb von Nutzungsrechten an dem besprochenen Werk*

→ *S. 34, Erwerb von Nutzungsrechten an der Fotografie*

3) Wer ist der richtige Ansprechpartner, wenn eine Lizenz benötigt wird?

a) Anfrage an die VG Bild-Kunst bzw. Recherche in deren Mitglieder-Datenbank

[→ *Künstlersuche der VG Bild-Kunst*

b) Recherche nach Rechteinhaber (Künstler, Fotograf bzw. dessen Erben)

c) Rechteinhaber nicht auffindbar

→ *S. 86, Verwaiste Werke* *siehe auch* → *S. 76, Nicht verfügbare Werke*

4) Worauf muss ich beim Erwerb einer Lizenz achten?

→ *S. 35, Worauf muss man beim Rechteerwerb achten?*

5) Was muss ich beachten, wenn die Fotografie unter einer sogenannten freien Lizenz steht?

→ *S. 24, Freie Lizenzen*

Flowcharts

Die Flussdiagramme sind Gegenstücke zum Leitfaden und dem Glossar. Eine ausführliche Rechtsberatung können sie nicht ersetzen, aber sie helfen, sich einen Überblick über die großen Themenblöcke der Bildrechte zu verschaffen: 1. Urheberrecht, 2. Abbildungsrecht, 3. Persönlichkeitsrecht, 4. Social Media und 5. Schranken (Ausnahmen) des Urheberrechts.

Die Diagramme zeigen Zusammenhänge und setzen Einzelfragen in einen Bezug zueinander. Sie sind als Flussdiagramme angelegt, deren Lektüre oben einsetzt und dann – je nach konkretem Fall – einzelnen Optionen des Fragebaums folgen kann. Dabei werden rechtliche Voraussetzungen abgefragt, es wird an zu erledigende Aufgaben erinnert, zudem werden rechtliche Folgen angegeben. Die Diagramme skizzieren wichtige Zusammenhänge und liefern eine Übersicht der Abläufe. Sie fungieren deshalb auch als eine Art praktische Checkliste vor der Publikation eines Bilds: Wie gehe ich vor? Was muss ich beachten? Welche Schritte liegen noch vor mir? Einzelheiten und weiterführende Informationen stehen im Text und im Glossar des Leitfadens.

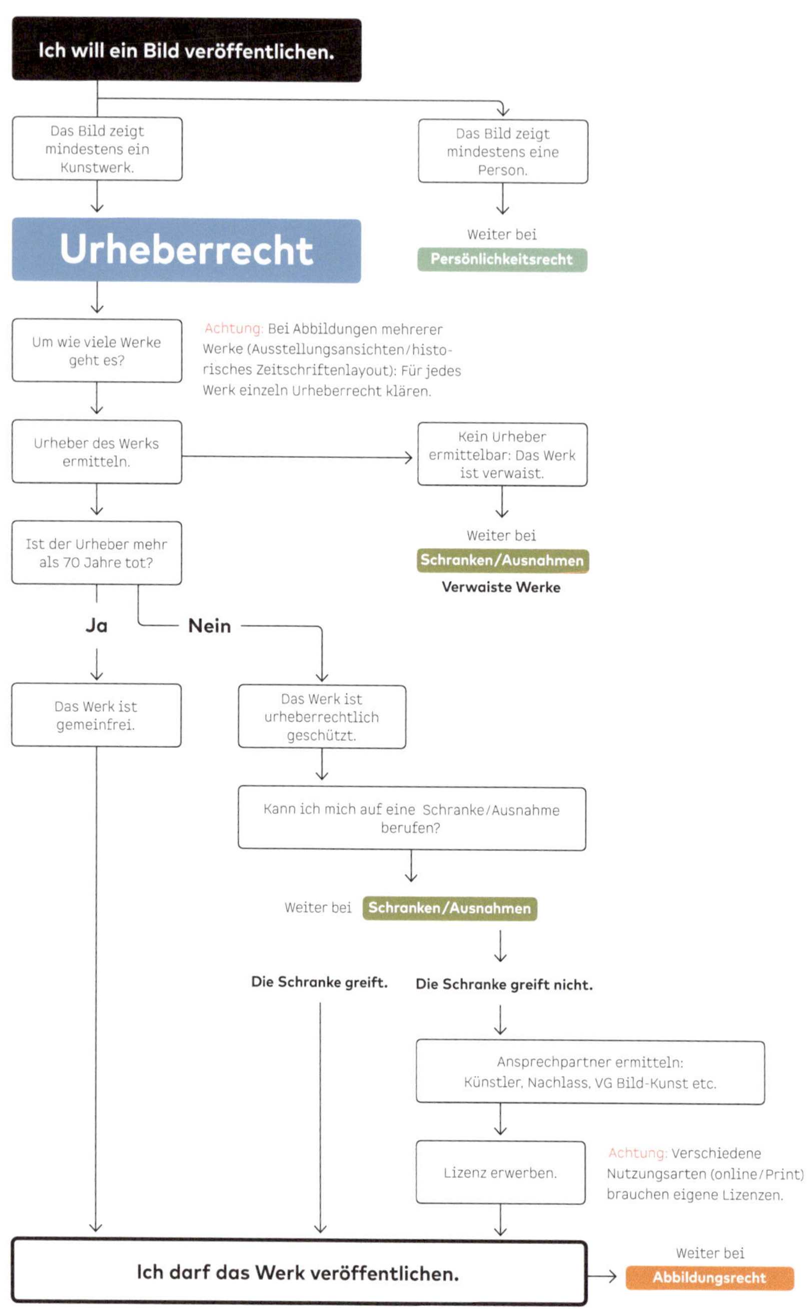

Ich will ein Bild veröffentlichen.
Das Bild zeigt mindestens ein Kunstwerk.
Das Bild zeigt mindestens eine Person.
Weiter bei
Persönlichkeitsrecht
Urheberrecht
Um wie viele Werke geht es?
Achtung: Bei Abbildungen mehrerer Werke (Ausstellungsansichten/historisches Zeitschriftenlayout): Für jedes Werk einzeln Urheberrecht klären.
Urheber des Werks ermitteln.
Kein Urheber ermittelbar: Das Werk ist verwaist.
Weiter bei
Schranken/Ausnahmen
Verwaiste Werke
Ist der Urheber mehr als 70 Jahre tot?
Ja
Nein
Das Werk ist gemeinfrei.
Das Werk ist urheberrechtlich geschützt.
Kann ich mich auf eine Schranke/Ausnahme berufen?
Weiter bei
Schranken/Ausnahmen
Die Schranke greift.
Die Schranke greift nicht.
Ansprechpartner ermitteln:
Künstler, Nachlass, VG Bild-Kunst etc.
Lizenz erwerben.
Achtung: Verschiedene Nutzungsarten (online/Print) brauchen eigene Lizenzen.
Ich darf das Werk veröffentlichen.
Weiter bei
Abbildungsrecht

Abbildungsrecht

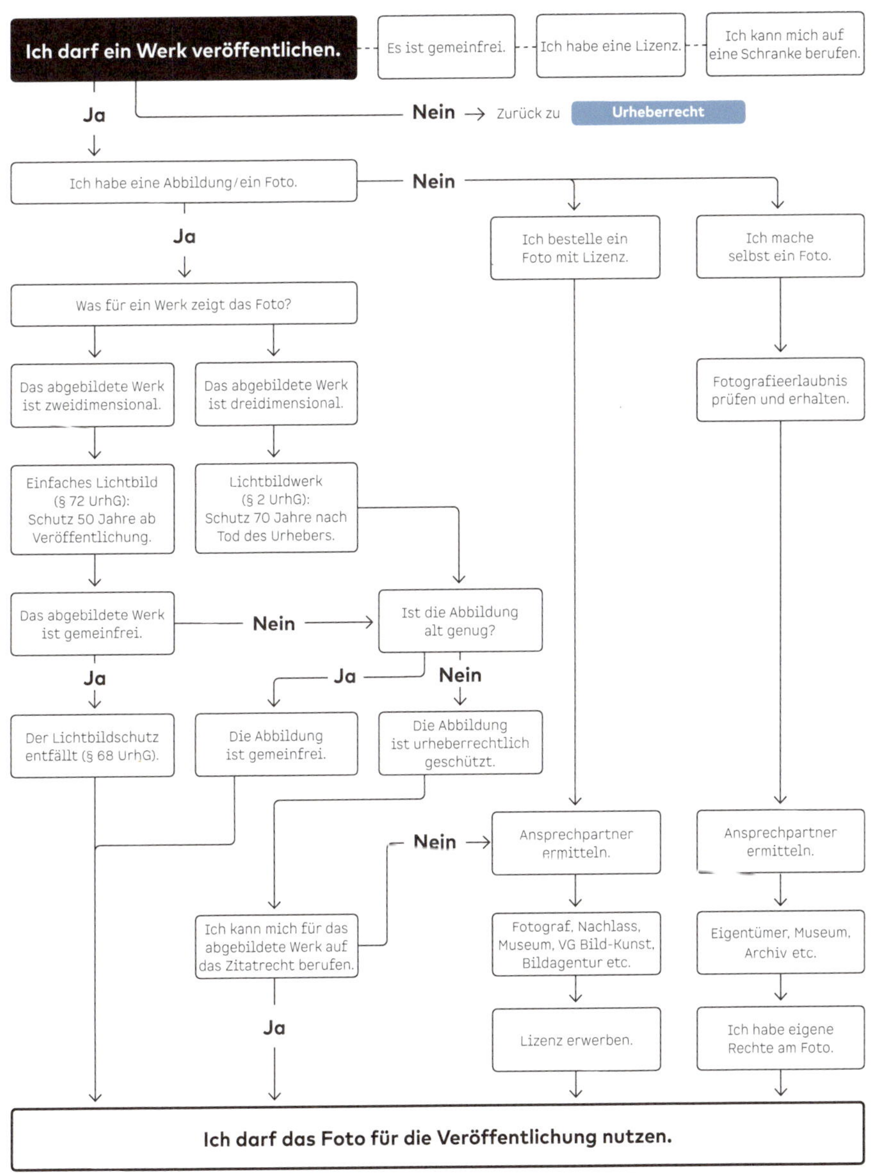

Achtung: Abbildungsnachweis, Quellenangabe, Urhebernachweis nicht vergessen! Evtl. Belegexemplare verschicken.

Persönlichkeitsrecht

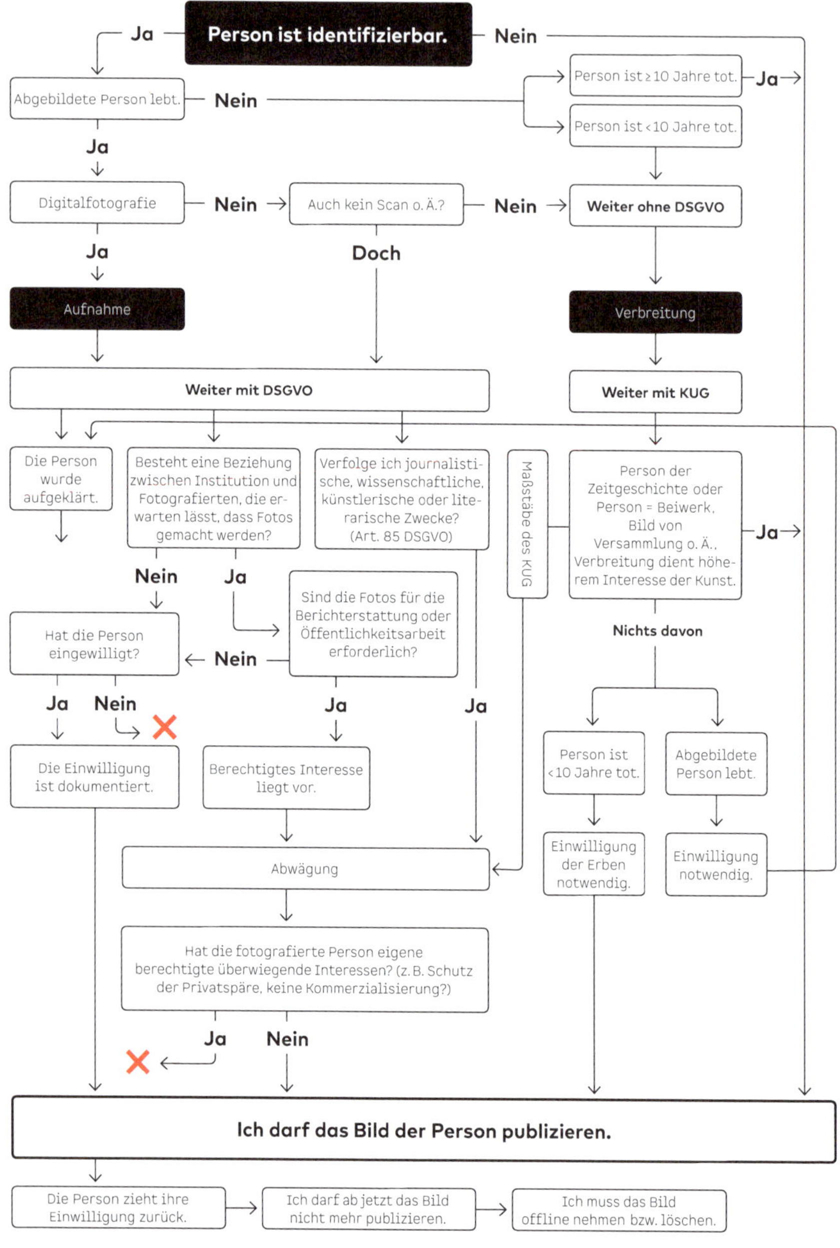

Social Media

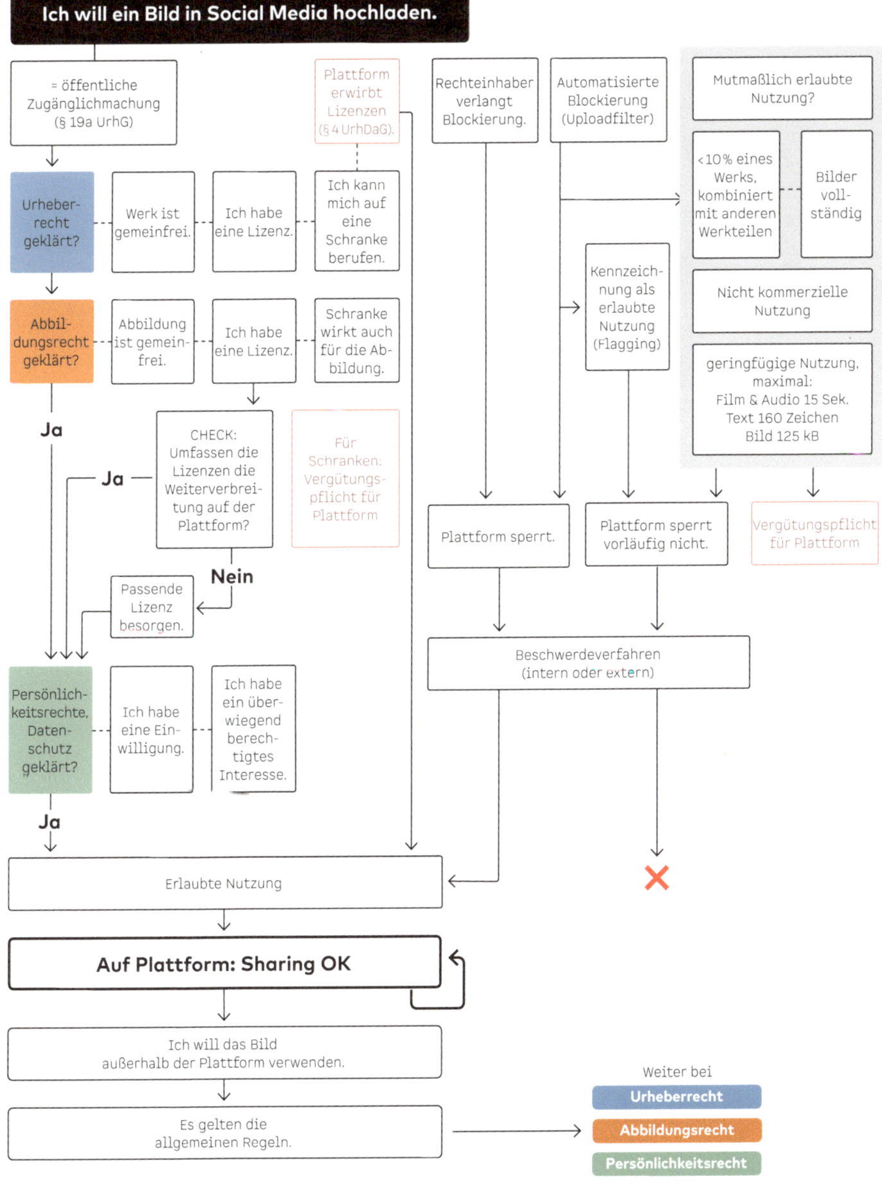

Schranken/Ausnahmen

Ich will ein urheberrechtlich geschütztes Werk reproduzieren.

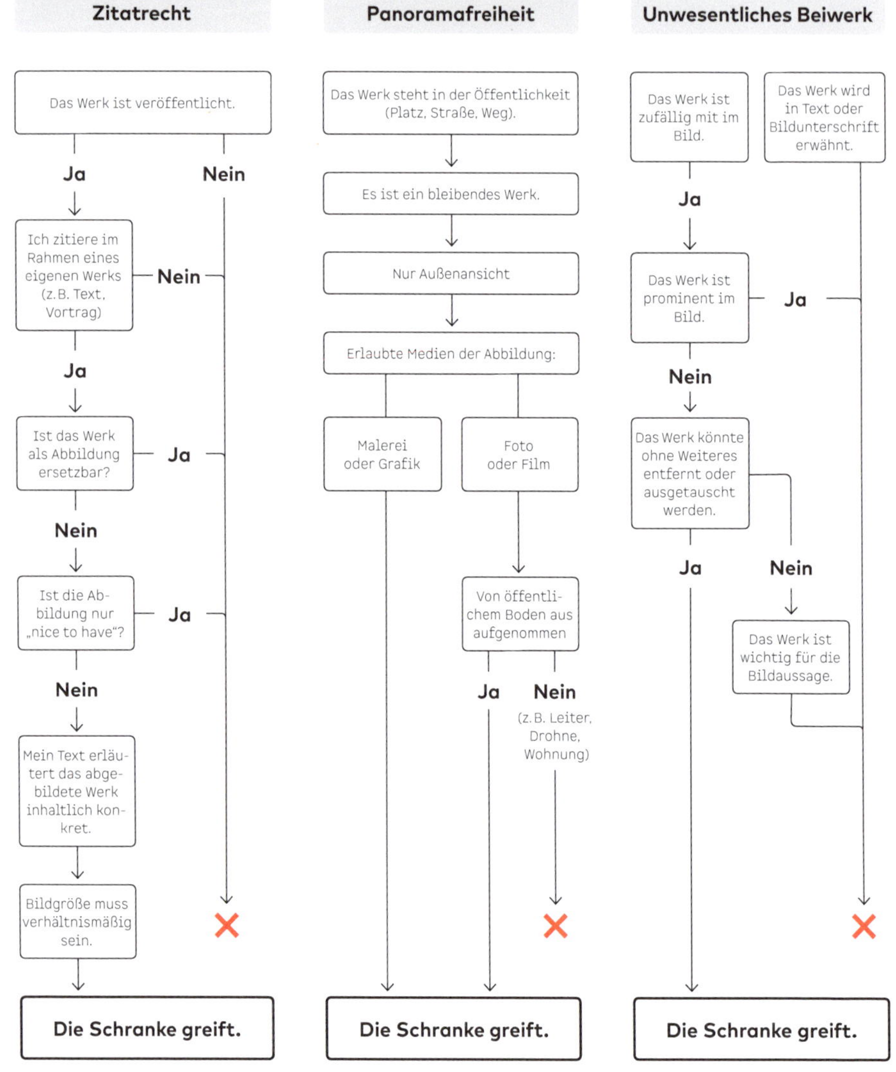

Schranken/Ausnahmen

Ich will ein urheberrechtlich geschütztes Werk reproduzieren.

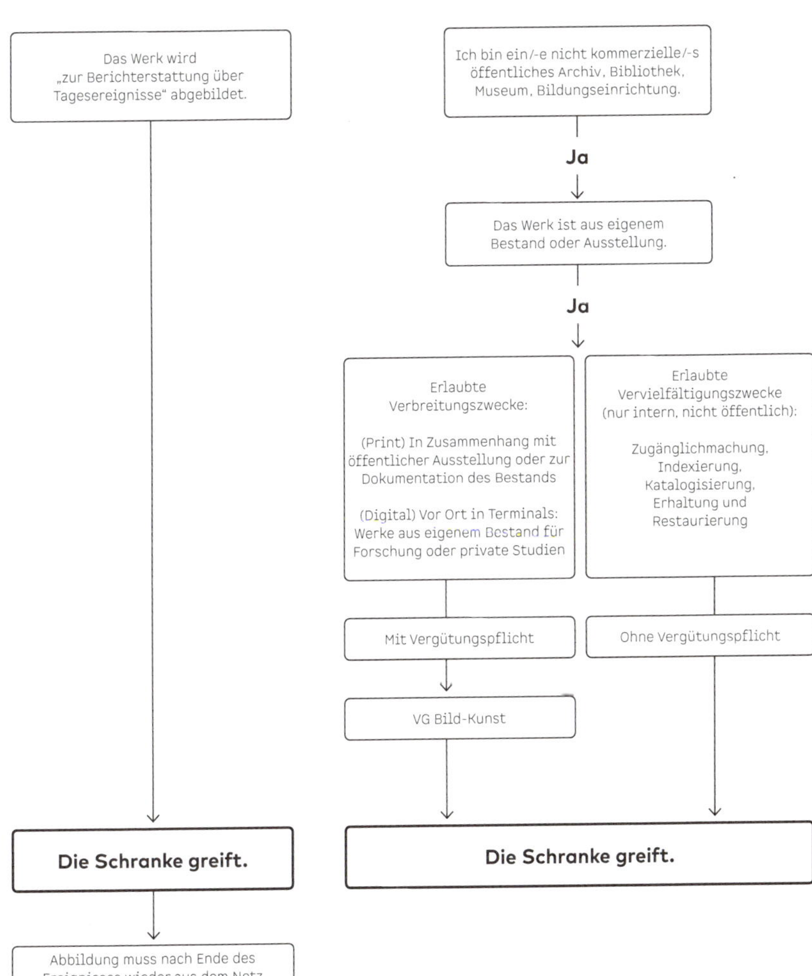

Schranken/Ausnahmen

Ich will ein urheberrechtlich geschütztes Werk reproduzieren.

Verwaiste Werke

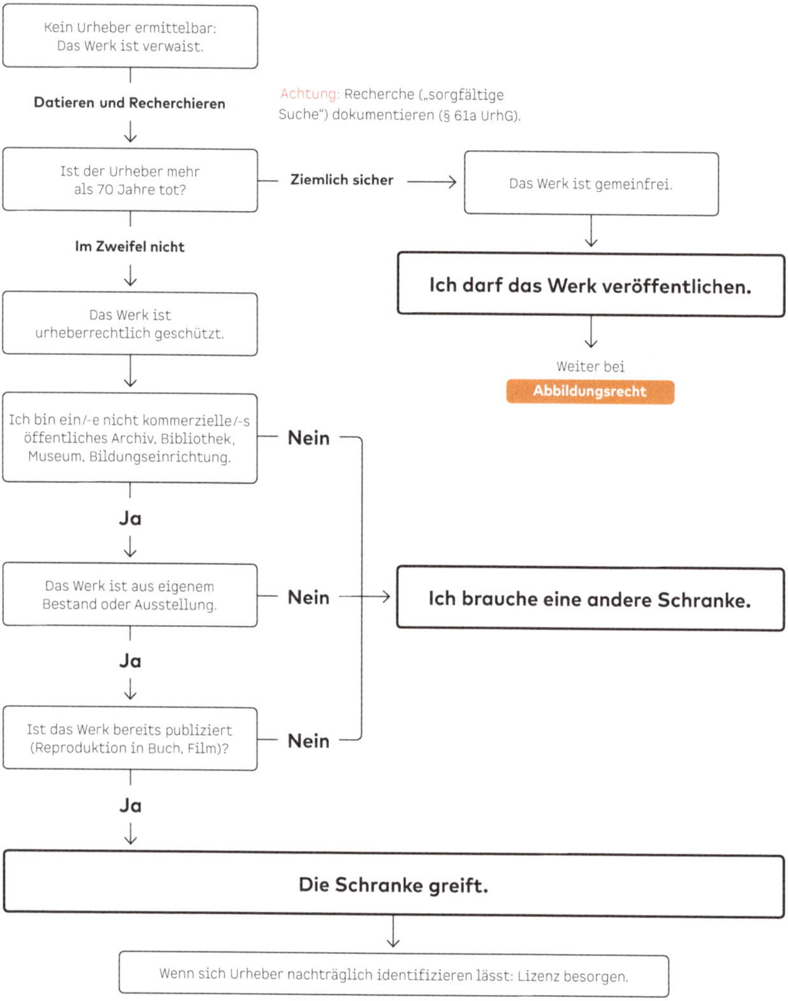

Kein Urheber ermittelbar: Das Werk ist verwaist.

↓ **Datieren und Recherchieren**

Achtung: Recherche („sorgfältige Suche") dokumentieren (§ 61a UrhG).

Ist der Urheber mehr als 70 Jahre tot?

- **Ziemlich sicher** → Das Werk ist gemeinfrei. → **Ich darf das Werk veröffentlichen.** → Weiter bei **Abbildungsrecht**
- **Im Zweifel nicht** ↓

Das Werk ist urheberrechtlich geschützt.

↓

Ich bin ein/-e nicht kommerzielle/-s öffentliches Archiv, Bibliothek, Museum, Bildungseinrichtung.

- **Nein** → **Ich brauche eine andere Schranke.**
- **Ja** ↓

Das Werk ist aus eigenem Bestand oder Ausstellung.

- **Nein** → **Ich brauche eine andere Schranke.**
- **Ja** ↓

Ist das Werk bereits publiziert (Reproduktion in Buch, Film)?

- **Nein** → **Ich brauche eine andere Schranke.**
- **Ja** ↓

Die Schranke greift.

↓

Wenn sich Urheber nachträglich identifizieren lässt: Lizenz besorgen.

Schranken/Ausnahmen

Ich will ein urheberrechtlich geschütztes Werk reproduzieren.

Nicht verfügbare Werke

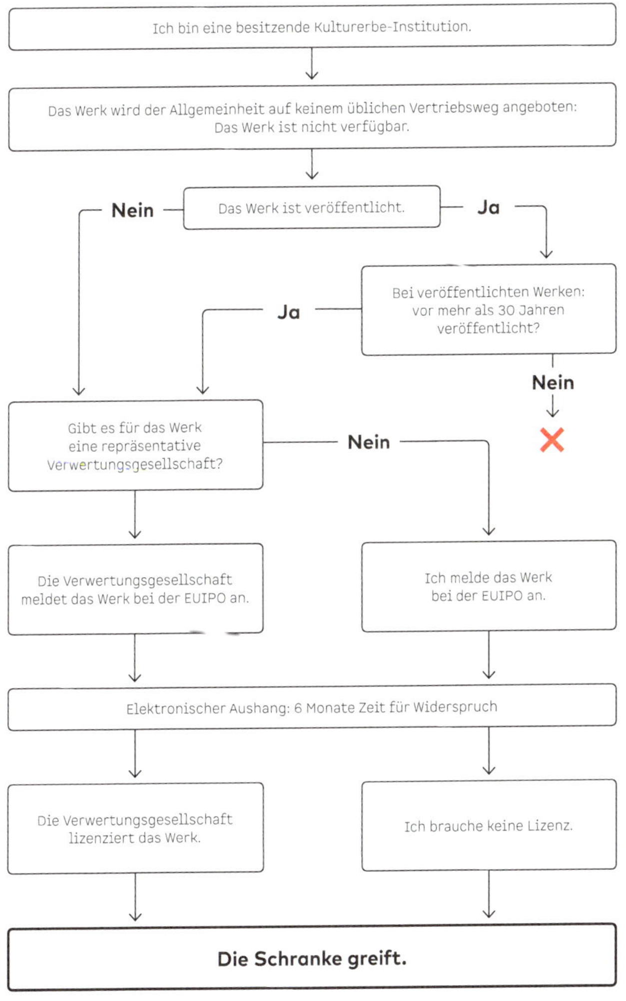

Schranken/Ausnahmen

Ich will ein urheberrechtlich geschütztes Werk reproduzieren.

Lehre und Forschung

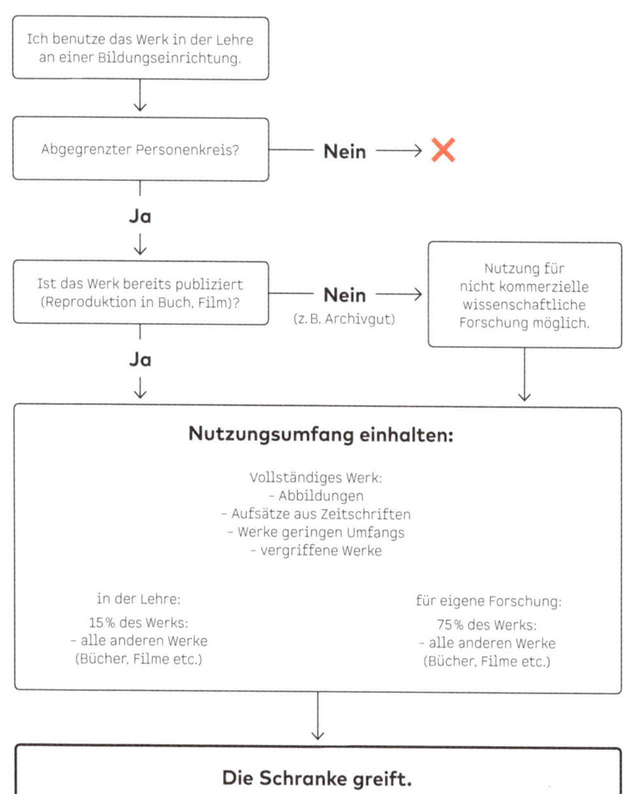

Anmerkungen

[1] https://kunstgeschichte.org/stellungnahmen/ (zuletzt abgerufen am 8. November 2022).

[2] https://www.bmjv.de/SharedDocs/Gesetzgebungsverfahren/DE/Gesetz_Anpassung-Urheberrecht-dig-Binnenmarkt.html (zuletzt abgerufen am 8. November 2022).

[3] Illustration: auf der Grundlage einer Illustration von Ellen Euler (https://commons.wikimedia.org/wiki/File:Urheberrechtsschutz_bei_Lichtbildern_nach_UrhG.png), (zuletzt abgerufen am 8. November 2022) CC-BY SA 4.0

Internetquellen

Creative Commons (CC Germany)
https://de.creativecommons.net

Gesetz betreffend das Urheberrecht an Werken der bildenden Künste und der Photographie (KunstUrhG)
https://www.gesetze-im-internet.de/kunsturhg/

Künstlersozialkasse / Künstlersozialabgabe
https://www.kuenstlersozialkasse.de

Künstlersuche der VG Bild-Kunst
https://www.bildkunst.de/service/kuenstler-suche

Out-of-Commerce Works Portal bei der EUPIO
https://euipo.europa.eu/out-of-commerce/

Tarife der VG Bild-Kunst
https://www.bildkunst.de/service/tarife

Urheberrechtsgesetz (UrhG)
https://www.gesetze-im-internet.de/urhg/

Verwertungsgesellschaftengesetz (VGG)
https://www.gesetze-im-internet.de/vgg/